KB133912

나는 왜 요가를 하는가?

나는 왜 요가를 하는가?

요가 수련의 참의미를 찾아가는 여행

배런 뱁티스트 지음 | 이강혜 옮김

터치아트

책머리에

나는 평생 요가에 둘러싸여 살아왔다. 어렸을 때부터 요가는 학교나 야구, 서핑처럼 내 삶의 일부였다. 나는 샌프란시스코에서 미국 최초의 요가 학교이자 자연요법 건강 센터를 운영하신 부모님 밑에서 어린 시절을 보냈다. 부모님은 늘 요가 수련을 하셨고, 수련을 하지 않을 때는 요가를 가르치거나 인도의 대가들을 초청해 집에 모시곤 했다.

덕분에 나는 세계적으로 유명한 요가 지도자들로부터 직접 요가를 배우는 특혜를 누리며 자랐다. 시간이 지나면서 나는 뛰어난 요가 기량을 갖췄고, 사람들에게 요가를 가르칠 수 있게 되었다. 겉으로 나는 '진짜 요기'처럼 보였다. 《요가 수트라 *Yoga Sutras*》를 암송할 수 있고, 모든 동작의 이름을 산스크리트어로 말할 수 있었으며, 요가 자세에서 흔들림 없이 균형을 유지하며 어려운 자세도 잘 해냈다.

그런데도 마음 한구석이 허전했다. 나는 강하고 유연하고 건강미가 넘쳤으며 몸매도 훌륭했지만, 의미나 목적 면에서 내가 하는 일에는 무언가가 크게 빠져 있었다. 매일 똑같은 일상을 반복하고 있다는 기분이 들었다. 내 수련이나 가르침에는 '내면에서 비롯되는 힘'이 없었다. 요가 수련뿐 아니라 내 인생 전체를 한 단계 끌어올리기 위한 새로운 차원의 힘이 절실하게 필요했다.

이런 사실을 깨닫고 난 후, 나의 삶은 새로이 열렸다. 나는 변화하고, 무너지고, 다시 일어섰다. 그러면서 나의 진실한 목소리를 발견했고, 머리로 외운 지식이 아닌 내가 직접 탐구하고 발견한 것들을 가르치기 시작했다. 이 모든 과정이 차곡차곡 쌓여 현재 학생들을 가르치는 방법이 되었다.

나는 지금까지 다섯 권의 책을 쓰고, 수십만 명의 요가 수강생을 가르치고, 전 세계에서 수천 명의 요가 강사를 훈련시켜 왔다. 그 모든 활동에서 내가 가장 중요하게 생각하는 것은 독자나 수강생이 자신만의 힘과 가능성에 눈뜨고, 요가 매트 위에서뿐 아니라 매트 밖에서도 그 힘과 가능성을 적용하고 실천할 수 있음을 깨닫는 것이다. 나는 이 책을 통해서도 독자 여러분에게 우리 수련실의 풍경을 보여 주고, 내가 '현실 세계'에 사는 평범한 사람들을 가르치고 이끌면서 발굴하고 가꿔 온 핵심 교훈과 통찰을 나누려고 한다.

요가 수련에서 정확한 자세를 취하는 것은 중요한 일이다. 하지만 이 책은 자세를 취한 '다음', 즉 정지 상태에 있을 때 일어나는 일에 중점을 둔다. 그 상태를 나는 리시빙 포즈receiving pose, 받아들이는 자세라고 부른다. 자세를 취하고 있으면 머릿속에 어떤 생각들이 스쳐 가는가? 무엇이 여러분을 저지하거나 고무하는가? 자세와 수련을 더 잘하기 위해 사용할 수 있는 도구에는 어떤 것들이 있는가? 만약 자세를 취하는 방법을 완전히 바꾼다면, 그래서 삶을 보는 방식이 완전히 달라진다면 어떨까?

엄격한 신체적 수련 없이는 깨달음을 얻기 힘들다는 것이 요가의 신비이자 어려움이다. 하지만 요가의 진정한 힘은 육체의 영역 너머에 있다. 물론 요가의 기본은 여러 개의 동작을 이어 나가는 것이다. 그러나 육체의 한계를 극복하는 것만으로는 그야말로 한계가 있다. 강한 신체, 유연함, 벽에 기대지 않은 채 방 한가운데서 손 짚고 물구나무서기를 유려하게 구사할 수 있게 되는 것도 어떤 면에서는 보람 있고 부러움을 살 만한 일이다. 하지만, 그래서 뭐가 어떻다는 것인가?

나 역시 다른 사람들만큼이나 강인함과 건강미를 사랑한다. 하지만 그것만으로는 부족하다. 요가를 마스터한다는 것은 새로운 몸을 만드는 것을 넘어 인간으로서 완전히 다른 패러다임을 만들어 가는 일이다. 요가 수련은 모든 면에서 삶을 더 잘 살아갈 수 있게 도와준다. 매트 위의 우리가 변하면 우리의 생명력이 변하고 세계관이 변한다. 여전히 똑같은 삶의 풍경과 똑같은 몸 안에 살고 있지만, 사물이나 현상을 바라보는 시각은 달라진다. 상황을 넓게, 멀리 바라보는 시각을 갖게 됨으로써, 우리가 세상을 대하는 태도나 우리에게 보이는 세상의 모습이 완전히 달라진다.

모든 요기의 최종 목표는 움직임마다 신성한 계획에 따르는 것이다. 그러려면 나침반의 바늘이 올바른 방향을 가리키듯 몸, 마음, 호흡, 생명 에너지가 완전히 통합되어 더 높은 목표를 향해 나아갈 수 있는 상태가 되어야 한다. 나는 그런 상태를 '진북정렬true north alignment' 상태라고 부른다. 진북은 북극성의 방향으로, 언제나 변하지 않고 일정하다. 반면에 나침반의 N극이 가리키는 북쪽인 자북magnetic north은 진북과 조금 차이가 있고, 미세하게 조금씩 변경된다. 진북정렬 상태가 되면, 자신을 채근해서라도 더 나아가야 할 때와 순리에 따라 멈춰야 할 때를 구분할 수 있는 내면의 지혜에 닿을 수 있다. 바로 그때, 우리는 있는 그대로의 현실과 앞으로 다가올 일을 직시할 수 있고, 새로운 가능성에 눈뜨게 된다. 만약 주의와 에너지가 흐트러져 진북으로부터 멀어진 것을 알아차렸다면 다시금 스스로를 추슬러 정렬 상태로 돌아가면 된다. 이것이 바로 인생을 바꾸는 강력한 요가 수행이다.

내가 걸어온 길과 과정은 불완전하면서도 완벽했다. 매트 위에서 충실하게 수련하고 매트 밖에서도 서투르게나마 그 배움을 실천해 보니 이제야 알 것 같다. 비록 당시에는 문제가 있고 잘못된 것으로 보였지만, 지금까지 일어난 일들이 모두 완벽했음을. 전에는 놓친 기회라고, 잘못된 선택이라고, 실수라고 여겼던 모든 일이 사실은 성공과 승리만큼이나 내 길의 일부였다. 돌아보면 내 몸과 존재와 삶의 방향을 통합하고 일치시켜 준 진북정렬 수련은 바로 요가였다. 그리고 지금 나는 전 세계 수많은 사람의 신체적 건강과 정신적 평온, 정서적 행복을 고양하고자 뱁티스트 요가의 정신과 메시지, 방법론을 동료들과 함께 전파하고 있다.

이 책의 목적은 내가 발견한 모든 것, 더 나아가 그 이상을 독자들이 발견하도록 돕는 것이다. 지식에 깃든 변화의 힘은 자기만의 특별한 경험을 통해 그것을 직접 발견하는 데서 발현된다. 이 책에 소개한 기본기들이 독자들의 여정을 비추는 빛이자 수련에 불을 붙일 원동력이 될 것이다. 또한, 성장의 영감을 불러일으킬 것이며 독자들의 삶에 여유와 확신을 불어넣어 줄 것이다.

배런 뱁티스트

차례

1

왜 요가를 하는가?

모든 배움은 원래 알았던 것을 기억하는 일이다.

- 플라톤

몇천 시간의 요가와 수년간의 명상 끝에

나는 의외의 결론에 도달했다.

그것은 바로 요가는 필요 없다는 것이었다.

아무에게도. 나에게도 역시.

나는 지금 보스턴에 있는 뱁티스트 파워 요가원의 수련실 바닥에 등을 대고 누워 사바아사나savasana, 송장자세를 하고 있다. 방금 파워 빈야사 요가를 마친 터라 온몸에서 땀이 뚝뚝 떨어지고 눈 안으로도 땀이 흘러든다. 심장은 쿵쾅거리며 빠르게 뛰고, 기분 좋은 흥분과 해방감, 감사함으로 가슴이 벅차오른다.

나는 뱁티스트 요가 공인 지도자인 그레고어 싱글턴으로부터 절도 있으면서도 의욕을 고취하는 요가 수업을 막 받은 참이다. 그레고어는 몇 년 전부터 우리 센터에서 강사로 일하고 있어서 그가 얼마나 좋은 선생이고 그가 이끄는 수련이 얼마나 훌륭한지 잘 알고 있다. 그런데도 지금 이 순간, 나는 형언할 수 없이 깊은 감사의 마음을 느낀다. 내가 오랜 세월에 걸쳐 개발하고 발전시켜 온 수련법이 다른 사람을 통해 다시 내게 영향을 주었다는 사실이 진한 감동으로 다가왔기 때문이다.

나는 어느 순간부터 지도자를 길러 내는 지도자가 되기를 꿈꿔 왔다. 내가 배출한 지도자들이 요가를 통해 조금씩 인류와 공동체에 공헌할 수 있기를 바랐다. 그리고 오늘, 사바아사나 자세에서 마침내 그 꿈이 이루어졌음을 실감했다. 나는 바닥에 누운 채로 처음 요가를 시작한 시절부터 지금 이 순간까지 요가가 나에게 무엇이었는지 곰곰이 생각해 보았다.

10대 시절 나는 샌프란시스코의 금문교 아래로 자주 서핑을 나갔는데, 때로 짙은 안개가 밀려와 다리를 완전히 가려 버리곤 했다. 그러다가 바람이 불어와 안개를 걷어 내면 순식간에 금문교의 장엄한 아름다움이 다시 모습을 드러냈다. 내게 요가란 그런 바람 같은 존재였다는 생각이 든다. 내가 안갯속에서 길을 잃거나 삶의 목적을 잃고 헤맬 때면 요가는 마치 바람처럼 내 안의 안개를 날려 보내고 원래 존재하던 내면의 앎을 드러내어 있는 그대로의 진실을 볼 수 있게 해주었다. 나는 이 과정을 '진실에 다가가기'라고 부른다. 자신이 원하는 삶을 사는 데 필요한 것이 무엇인지 우리는 이미 알고 있다. 지금은 안개에 가려 잘 보이지 않을지라도 결국 해답은 내 안에 있다.

나는 요가나 명상을 하면서 속삭이는 듯한 계시의 목소리를 여러 번 들었다. '배런, 네가 알아야 할 모든 것을 너는 이미 알고 있어. 그러니까 네 안에 답이 있다는 사실을 깨닫기만 하면 돼.' 실제로 내면의 목소리와 앎을 믿고 따르면 언제나 삶의 질이 높아졌다.

여러 면에서 요가는 '쌓아 가는' 수련이라기보다는 '발굴하는' 수련이다. 생각해 보면 요가는 영혼을 캐내기 위한 최고의 도구다.

요가 수련을 시작한 지 얼마 되지 않은 어느 날, 나는 이제까지 내가 상자 안에서 살아왔음을 깨달았다. 성공과 성장이라는 목표를 향해 열심히 노력했고, 성공한 사람이 되어 더 멋진 삶을 살기 위해 수많은 길과 기회를 끊임없이 기웃거렸다. 하지만 상자 안을 벗어나지는 못했다. 온갖 모서리에서 꼭짓점까지 가보지 않은 곳이 없었지만, 어느 모서리나 꼭짓점도 여전히 내가 아는 삶이라는 상자의 일부일 뿐이었다.

요가 수련이 내게 가르쳐 준 것은 같은 상자 안에서 그동안 해오던 것을 더 많이, 더 잘, 조금 다른 방식으로 시도하는 대신 새 상자를 만드는 능력이었다. 나는 요가 수련의 핵심이 삶의 질을 높일 수 있는, 새로운 가능성이 담긴 상자를 만드는 데 있음을 알게 되었다.

'우리가 알고 있는 삶'이라는 전형적인 상자의 밖으로 나가면 모든 것이 다르게 보이고, 다르게 들린다. 내가 원래 있던 상자예컨대 '내가 삶이라고 생각했던 것' 밖으로 걸어 나갔을 때 익히게 된 가장 유용한 능력은 주변의 세세한 사항들까지도 듣고 알아차리는 것이었다. 나는 예전과 다른 눈, 예전과 다른 귀로 가까운 사람들이나 동료들을 관찰하기 시작했다. 마치 영화를 보듯, 그들의 몸과 움직임을 관찰했고, 그들이 대화하고, 음식을 만들고, 일하고, 걷고, 앉는 모습을 지켜보았다. 그러자 그들이 요가를 어떻게 하는지도 선명하게 보이기 시작했다. 아울러 나 자신도 관찰하기 시작했다. 요가를 배우러 오는 사람들은 대개 어떤 문제를 해결하고 싶어 한다. 자신의 문제를 털어 내고, 행복해지고 싶어 한다. 나 역시 그런 사람 중 한 명이었다.

그때만 해도 나는 요가가 모든 문제를 해결해 줄 궁극의 열쇠라 믿으며 요가를 거의 숭배하다시피 했다. 겉보기에 내 삶과 요가 수련은 꽤 잘 흘러가고 있는 듯 보였지만, 마음속 깊은 곳에는 '괜찮지 않다'는 생각이 자리 잡고 있었다. 나에게 뭔가 문제가 있는 것 같았고, 매사를 그런 눈으로 바라보았다. 하지만 겉으로는 아무렇지 않은 척 어두운 진실을 내 안에 꼭꼭 숨겼다.

'성장하려고 노력하는 사람'이라는 긍정적 이미지가 좋아 보여서 나는 요가 수련과 이론 공부에 매진했다. 하지만 돌이켜 보면 영성을 향한 나의 여정은 사실 '망가져 버렸다'는 느낌을 감추기 위한 얄팍한 술책이었다. 진정한 스승과 가르침을 찾기만 하면 나의 모든 문제가 눈 녹듯 사라질 거라고 믿으며 계속해서 스승과 가르침을 찾아다녔다.

몇천 시간의 요가와 수년간의 명상 끝에 나는 의외의 결론에 도달했다. 그것은 바로 요가는 필요 없다는 것이었다. 아무에게도. 나에게도 역시.

사람이 생존하려면 육체적으로는 숨 쉴 공기와 마실 물, 먹을 것, 몸을 피할 집이 필요하다. 정서적으로는 우리가 사랑할 사람과 우리를 사랑해 줄 사람이 있어야 한다. 영적으로는 자신과 타인을 존중해야 한다. 이런 기본 욕구가 채워지지 않으면 우리는 잘 살아갈 수 없다. 그런데 그런 기본적인 욕구는 요가를 하지 않고도 얼마든지 채울 수 있다.

이 사실은 나에게 커다란 통찰로 다가왔고, 그때부터 '왜 요가를 하는가?'라는 질문이 시작되었다. 나는 정말 알고 싶었다. 고대로부터 전해 내려온 요가 수련법에서 건강이나 좋은 몸매 같은 육체적 혜택 외에 우리는 무엇을 얻을 수 있을까?

나는 요가의 진정한 목적이 문제를 해결하는 데 있는 것이 아니라는 것을, 해결해야 할 문제 따위는 애초에 존재하지 않는다는 것을 깨달았다. 물론 많은 사람이 수련의 흐름과 열기 속에서 개인적인 문제가 해결되는 경험을 했을 것이다. 하지만 요가 수련의 핵심은 문제를 없애거나 해결하려고 노력하는 것이 아니다.

육체적 측면 외의 장점에 대하여 생각해 보니, 삶에서 드물게 찾아오던 아주 특별한 순간들이 떠올랐다. 나 자신과 주변 환경이 온전히 편안하고 만족스럽게 느껴졌던 순간들이. 여기서 만족스럽다는 것은 목표를 이루거나 바라던 것을 얻었을 때 느끼는 만족감을 말하는 것이 아니다. 내 안에서 모든 것이 제자리를 찾아, 있는 그대로의 상태에서 그 어떤 문제도 없고 어떤 것도 부족하지 않을 때의 기분을 말하는 것이다. 이것이 바로 진북정렬 상태다.

누구나 살면서 진북정렬의 순간을 경험한다. 육체뿐 아니라 정신적으로도 완전히 살아 있으며, 삶의 모든 면과 연결되어 있다고 느끼는 순간에는 지금 하고 있는 요가 자세, 나아가 삶이, 그 모습 그대로 완벽함을 경험하게 된다. 방어적인 태도가 사라지고 마음의 문이 활짝 열린다. 집착하고 소비하고 쌓아 두려는 충동도 사라진다. 더 큰 목적에서 비롯되는 흐름에 완전히 동화되는 것이다. 이러한 순간들은 지속 시간과 상관없이, 그 자체로 완벽하다.

'왜 요가를 하는가?'라는 질문을 탐구하는 동안 나는 사람들이 진북정렬의 순간을 경험하지 않고도 얼마든지 잘 사는 것을 보았다. 요가와 마찬가지로, 그런 순간 역시 생존의 '필수 항목'은 아닌 것이다. 진북정렬의 순간은 '반드시' 경험해야 하는 것도, 느껴야 하는 것도 아니며, 나아가 비타민이나 운동처럼 항상 우리에게 '득이 되는' 것도 아니다. 진북정렬의 순간을 경험한다고 해서 더 건강하고 똑똑하고 매력적인 사람이 되거나 다른 사람보다 성공하는 것도 아니다. 완벽하게 온전한 존재가 되는 경험은 그 자체로 의미를 지닌다.

신체적 측면에서의 장점이나 진북정렬의 장점 외에 요가에는 또 다른 무엇이 있다. 바로 앞서 말한 순간들이 비롯되는 '내면의 장소'를 발견하는 기회다. 그곳은 사실상 우리 자신과 우리의 생명이 탄생하는 곳이다. 그곳을 발견하면 삶이라는 연극의 등장인물에서 벗어나 창의적이고 의식적으로, 전적으로 자기 뜻에 따라 자유롭게 대본을 써 내려가는 작가로 탈바꿈할 수 있다. 더 넓은 의미에서는 우리 자신이 바로 우리 삶의 모든 이야기가 펼쳐지는 무대가 되는 것이다!

2
'yes' 혹은 'no'의 선택

가장 짧고 오래된 단어인 '예스'와 '노'야말로
가장 신중하게 내뱉어야 한다.
- 피타고라스

지금, 매트 위에 선 여러분은 깊고 규칙적인

우짜이 호흡에 대하여 '예스'인가 '노'인가?

'예스'라면 그 태도가 호흡을 한결 편안하게 해줄 것이다.

수련 내내 시선을 유지하는 것에 대하여

'예스'인가 '노'인가? '예스'라면 그 태도가

의도와 의지를 불러와 집중력을 높여 줄 것이다.

매트 위나 삶에서 우리가 취하는 태도는 '예스' 아니면 '노', 단 두 가지뿐이다. '예스'에는 가능성의 에너지가 들어 있고, '노'에는 저항의 에너지가 들어 있다.

'예스'는 자신에게 힘이 있음을 천명하고 그 힘을 이용하여 헌신의 진정한 의미를 찾아내겠다는 의지를 드러낸다. '예스'는 자신감을 갖고 좀 더 창조적으로 자신을 표현하도록 이끈다. '예스'는 또한 목표 지점에 도달할 노하우를 갖추지 못했을 때 기꺼이 배우겠다는 자세를 갖도록 우리의 마음을 열어 준다. '예스'는 요가 수련의 목표가 단순히 건강한 신체를 얻는 것 이상임을 확신하게 해준다.

'노'는 예스와는 매우 다른 에너지를 지녔다. 폐쇄적이고, 융통성 없고, 고집스러운 기운을 갖고 있고, 변명, 불평, 저항, 좌절, 미루는 습관 등의 모습으로 나타난다. '노'는 우리를 방해하고, 전력을 다해 앞길을 막아선다.

우리는 항상 '예스'와 '노' 가운데 하나를 선택한다. 어떤 일에 '예스'의 태도를 취하는 것은 그 반대되는 일에는 자동으로 '노'를 택하는 것과 같다. 그러니 자신이 무엇에 대하여 '노'라고 하는지 정확히 알지 못하면 '예스'도 아무 의미가 없다. 평화에 찬성한다는 것은 전쟁에 반대한다는 뜻이다. 건강하고 생기 있는 몸을 만드는 데 찬성한다는 것은 지나친 음주나 흡연을 거부한다는 뜻이다. 다른 사람을 전적으로 받아들이는 데 찬성한다는 것은 사랑하는 사람을 비난하거나 바꾸려고 하는 행동에 반대한다는 뜻이다. 더 나은 사람으로 성장하는 데 찬성한다는 것은 미루는 습관이나 중간에 포기하는 태도를 거부한다는 뜻이다.

거꾸로 보면, 어떤 일을 거부하는 것은 그 외의 일에 찬성하는 행위라 할 수 있다. 어렸을 때, 나는 요가를 거부했다. 잘하지도 못했고, 연습도 안 했다. 당시에는 아버지가 내게 바라는 일에 반기를 드는 일에만 '예스'였다. 버릇없이 굴거나 성적이 안 좋게 나오면 그 벌로 부모님이 진행하는 요가 수업에 참석해야 했는데, 나는 그것이 가장 싫었다. 수업 시간 내내 한 동작 한 동작이 빨리 지나가서 얼른 수업이 끝나기만을 기다렸다. 시간이 빨리 가기를 바라며 호흡을 세고, 분 단위로 시계를 쳐다봤다. '노'라고 외치는 마음은 나를 시간의 틀에 가두었고, 내 마음은 온통 '대체 언제 끝나는 거야' 하는 불평으로 가득했다.

그때 이후로 나는 '예스'는 '노'와 달리 시간에 구속받는 느낌 없이 모든 일을 온전히 경험하는 기쁨을 선사한다는 사실을 알게 되었다. 20대 초반, 부모님이 운영하던 중앙아메리카 해변의 수련 센터에서 요가와 명상 수행을 하던 중, 나는 아주 특별한 경험을 했다. 명치에서 강하고도 따뜻한 에너지가 솟아나더니 나를 아무 근심 걱정 없는, 안전하면서도 명료하게 깨어 있는 상태로 데려간 것이다.

내면 깊은 곳에서의 변화를 경험한 그날 이후, 내 인생은 완전히 바뀌었다. 수행이 내 몸뿐 아니라 존재 자체에 체화된 것 같았다. 그 순간부터 나는 요가 수련에 자연스럽게 '예스'라고 말하게 되었다. 이 이야기를 하는 이유는 독자 여러분도 '나는 어떤 태도로 수련과 삶을 대하고 있는가?' 탐구해 보도록 권하기 위해서다.

'예스'와 '노'는 감정 에너지의 형태를 띠고 있고, 감정은 진동을 담고 있다. 자칫 이런 이야기가 신비주의적으로 들릴 수도 있지만, 이것은 우리 몸과 존재에서 느낄 수 있는 실재하는 현상이다. 지금 화난 사람 옆에 있다고 생각해 보자. 분노의 진동이 느껴질 것이다. 마찬가지로 기분 좋은 사람은 가볍고 즐거운 에너지를 뿜어낸다. 이처럼 '예스'와 '노'의 진동은 우리의 몸뿐 아니라 에너지에도 영향을 미쳐서 우리가 하려는 일을 돕기도 하고 방해하기도 한다.

감정의 진동은 우리를 행동하게 하는 연료다. 즉, '예스'나 '노'에 따라 어떤 일을 할지, 하지 않을지 결정하게 된다. 자신이 무엇을 이룰 수 있다는 가능성에 고무되고, 자신의 몸도 그 일을 성취하는 데 도움이 되는 완벽한 주파수로 진동한다고 생각해 보자. '예스'의 진동은 열정이라는 감정 에너지를 가져오고, 열정은 생각을 행동으로 변화시킨다. 그러면 자연스럽게 용기를 얻어 무언가를 창조하고 성취해 낼 것이다.

수련을 발전시킬 수 있는 것은 오로지 행동을 통해서만 가능하다는 사실을 분명히 알게 된 것은 나에게 큰 깨달음이었다. 요가 자세는 내 의도가 무엇인지, 내가 얼마나 열심히 노력하는지, 어떤 기분을 느끼는지, 어떤 생각을 하는지 등과는 관계가 없다. 내가 무엇을 좋아하고 싫어하는지와도 아무 상관이 없다. 요가 자세는 목표를 이루기 위해 실제로 행동할 때만 조금씩 발전한다. 여러분도 수련을 통해 직접 확인해 보기 바란다. 수련에서 가능한 일에 대해 '예스'의 마음일 때 우리는 행동한다. 그리고 그 행동 덕분에 전에는 하지 못하던 동작을 해낼 수 있게 된다.

내가 애리조나주에서 개최한 '레벨 1 지도자 과정'에 열다섯 살 먹은 아들 말라치가 참가한 일이 있다. 지도자 과정을 마친 뒤에 아이는 자신이 해낸 동작들을 떠올리며 기쁨에 취해 있었다. 집에 돌아온 날 말라치가 물었다. "아빠, 아직 해보지는 않았는데요, 제가 까마귀자세에서 바로 손 짚고 물구나무서기로 넘어갈 수 있을까요? 어떻게 생각하세요?" 나는 이렇게 답했다. "된다고 생각하면서, 어떻게 되는지 한번 해보렴."

아이는 내 대답에 미소를 지었다. 그리고 거실 한가운데에서 손바닥을 펼쳐 마룻바닥에 대고 까마귀자세를 하기 시작했다. 그러더니 이어서 손 짚고 물구나무서기를 해냈다! 말라치는 어떻게 해야 하느냐고 묻는 대신 "할 수 있을까요?"라고 물었고, 그에 대한 대답은 '예스'였다. 까마귀자세에서 물구나무서기로 바로 넘어갈 수 있는지와 무관하게 아이는 자신의 태도를 스스로 결정했다. 그럼으로써 자신의 경험을 소극적으로 바라보기만 하는 관객이 아닌 적극적인 참여자가 되었다.

어쩌면 당신도 두 팔에 의지해서 새처럼 서 있는 까마귀자세에서 이내 물구나무서기로 힘차게 오르고 싶다는 바람, 혹은 널빤지자세에서 고양이처럼 앞으로 살포시 뛰어 움직이고자 하는 바람이 있을지 모른다. 좋은 바람이다. 바람을 갖는 것은 중요하다. 그러나 바람은 성공의 요소 중 절반에 불과하다. 나머지 절반은 목표를 향해 온전히, 전적으로, 진실하게 '예스'의 마음가짐을 갖는 것이다. 원하는 결과를 얻을 수 있으리라는 마음을 가지고 존재 전체에서 '예스'의 기운을 뿜어내야 한다. 저절로 이루어지는 것은 없다.

물론 '예스'의 에너지를 갖는 것만으로 물구나무서기에 성공할 수 있는 것은 아니다. 하지만 '예스'의 마음가짐은 '지금 있는 곳'에서 '가고 싶은 곳'으로 이동하는 데 필요한 행동을 하도록 격려해 줄 것이다.

●

다른 사람들의 부탁을 거절하지 못하는 덫에 걸린 사람들은 '노'라고 하고 싶을 때도 '예스'라고 말하곤 한다. 그러나 아사나 수련에서는 자신이 진짜로 원하는 것에만 '예스'라고 하기 위해 노력한다. 나는 이것을 '정조준'이라고 부른다. 정신과 의사이자 정신분석가 카를 융은 "모든 의식은 불복종 행동에서 비롯된다."고 말했다. 우리의 존엄성은 원치 않는 것에 '노'라고 말할 수 있는 힘, 진정으로 원하는 것을 추구하는 데 '예스'라고 말할 수 있는 힘에서 비롯된다.

지금, 매트 위에 선 여러분은 깊고 규칙적인 우짜이 호흡에 대하여 '예스'인가 '노'인가? '예스'라면 그 태도가 호흡을 한결 편안하게 해줄 것이다. 수련 내내 시선을 유지하는 것에 대하여 '예스'인가 '노'인가? '예스'라면 그 태도가 의

도와 의지를 불러와 집중력을 높여 줄 것이다. 매트 위에서 가볍고 즐겁게 수련하는 데 대하여 '예스'인가? 그렇다면 수련 내내 기쁨이 함께할 것이다.

내면의 나침반이 어디를 가리키고 있는지 아는 것은 매우 중요하다. 그래야 의식적으로 자신의 길을 만들어 갈 수 있기 때문이다. 불평과 저항에 '노'를 가리키도록 나침반을 세팅해 두지 않으면 무언가를 자꾸 미루는 습관에 자동으로 '예스'라고 하게 된다. 지금까지 줄곧 미루는 습관에 '예스'라고 해왔다면 그 때문에 어떤 대가를 치렀는지 점검해 보자. 요가 수련이나 명상을 미루는 습관 때문에 활력이나 생기를 잃지는 않았는가?

기억하자. '예스'는 실천한다는 뜻이다. '예스'라는 태도는 도움이 되지 않는 생각과 습관을 단호하게 거부하기 위해 용기와 확신을 얻을 수 있는 강력한 힘의 원천이다.

◦•

어떤 요가 자세에서든지 항상 현재 내 몸의 반응을 관찰해야 한다. 내 몸의 반응을 있는 그대로 받아들일 수도 있고 반대로 거부할 수도 있다. 내가 기대하던 반응이든 그렇지 않든 있는 그대로 수용하는 자세가 받아들임이다. '예스' 안에는 받아들임의 여유가 있다. 숨 쉬는 순간마다 우리는 받아들임과 밀어냄 사이에서 선택을 한다. 자신의 요가 자세가 마음에 들든 들지 않든 '예스'를 선택할 수도 있고, 반대로 거부하고 물리칠 수도 있다. 받아들임은 우리 몸에 새로운 힘을 줄 뿐 아니라 더 좋은 결과를 끌어내는 기반이 되어주기도 한다.

몸에 일어나고 있는 일을 '노'의 마음가짐으로 대하는 것은 현실을 거부한다는 의미다. 거부는 몸에 긴장을 불러일으켜 육체적으로나 정신적으로 경직되게 한다. 강한 자극을 받거나 신체적 한계를 느낄 때, 우리는 대개 몸 안에서 일어나고 있는 일을 부인한다. 어떤 일에 저항한다는 것은 우리 몸이 그것을 스트레스나 불편함, 부조화, 숨 가쁨 등으로 반응하며 경험한다는 뜻이다. 원하는 대로 몸이 따라 주지 않으면 기분이 좋지 않고, 이는 불평, 좌절, 원망 등의 감정으로 표출된다.

나는 지금까지 건강 문제로 큰 어려움이나 심각한 위기

를 겪은 사람들을 많이 만나 왔다. 그들은 대부분 처음에는 분노나 원망의 단계를 거친다. 병에 걸렸다는 사실을 받아들이지 못하기도 한다. 당연히 있을 수 있는 반응이다. 나를 놀라게 하는 사람들은 '병 자체보다 현실에 저항하는 것이 자신을 더 괴롭게 만든다'는 깨달음에 도달한 사람들이다. 현실을 있는 그대로 받아들이고 나자 그들은 훨씬 주도적으로 자신의 몸이 요구하는 흐름에 따를 수 있었다.

요가에서든 인생에서든, 있는 그대로 받아들이는 태도가 내면의 평화를 가져다준다. 우리는 요가 수련을 하면서 '예스'와 '노' 사이를 끊임없이 오간다. 이때 '예스'의 긍정적 에너지는 근육과 몸의 움직임을 유연하고 부드럽게 하며, 마치 단단한 얼음이 따뜻한 햇볕에 녹듯이 불필요한 긴장과 초조함을 사라지게 한다.

◦●

요가 수련자에게는 각자의 '노 자세'가 있다. 그런 자세가 둘 이상일 수도 있다. 자신이 꺼리는 자세가 무엇인지 우리는 모두 알고 있다. 강사가 그 이름을 말하면 속으로 짜증

섞인 신음을 내뱉게 되는 동작, "으… 하기 싫어", "이 자세는 나는 못 해…" 하는 소리가 절로 나오는 동작이다.

하지만 정말로 그 동작을 못 하는 것일까? 우리가 직면한 어려움은 사실 신체적인 한계가 아닐지도 모른다. 저항이라는 녀석은 속임수에 능해서 수많은 가면을 갖고 있기 때문이다. 과거에 그 동작에 실패한 적이 있다고 오늘도 그럴까? 요가 수행자들이 즐겨 하는 말 중에 '사람은 같은 강물에 두 번 들어갈 수 없다.'라는 말이 있다. 강물은 언제나 흘러가 버리기 때문이다. 여러분은 오늘이라는 물에 처음 들어와 보는 것이다. 오늘의 몸, 오늘의 에너지, 오늘 먹은 아침 식사, 모든 것이 오늘 처음 경험하는 것이다. 지금까지는 그 자세에 별다른 발전이 없었을지 몰라도 그것은 모두 과거다. 그렇다면 '오늘' 가능한 것은 무엇일까?

모든 요가 자세가 새로운 기회다. 지금까지 해온 모든 노력이 지금 이 순간으로 여러분을 이끌었고, 지금 여러분이 마주하고 있는 바로 그것을 만나게 해준 것이다. 요가는 있는 그대로의 현실 안에서 지금 이 순간을 온전히 경험하게 해준다. 인생을 살아가다 보면, 좋아하지 않거나 원치 않는 것에 저항할 때가 많다. 요가는 저항의 반대쪽에 무엇이 있는지를 안전하게 살펴볼 수 있는 기회다. 아사나는 우리가 지닌 더 큰 가능성을 알게 해주는 하나의 척도다.

소망하는 일에 주의를 집중하고 최선을 다하자. 그리고 어떤 마법이 펼쳐지는지 지켜보자. 여러분은 오늘 무엇에 '예스'인가?

중요한 것은 도움이 되는 수련과 중요한 수련 사이에서 균형을 찾는 일이다. 신체적, 감정적으로 우리에게 도움이 된다고 해서 그것이 반드시 중요한 수련은 아니라는 점을 깨달아야 한다. 중요한 수련은 강력하고 영적이고 활력이 넘치는 '예스'의 에너지, 즉 더 깊은 영역의 무언가와 연결되어 있다.

요가 자세를 할 때는 두 가지 힘이 작용한다. 하나는 '활력'이고 다른 하나는 '활력을 가로막는 습펌'이다. 여러 가지 습이 사라지거나 떨어져 나감에 따라 자세에서 머뭇거림이 사라지고, 동작과 동작 사이의 흐름이 훨씬 부드러워진다. '노'의 에너지가 만들어 내는 저항의 패턴에서 빠져나와 '예스'에 초점을 맞추겠다는 다짐으로 수련에 임하면 신기하게도 수련이 알아서 목표 지점을 향해 나아가기 시작한다. 모든 것이 환상적으로 맞아 들어가는 것이다.

목표를 외부에서 찾거나 억지로 끌어오려 하는 것은 소용없는 일이다. 목표는 바로 여기, 지금 하는 동작 속에 이미 들어 있다. 자신과 활력 사이를 가로막는 그것, '노'의 에너지를 말끔히 걷어내는 일에만 집중하면 된다. 활력과 목표는 사실상 같은 것이며, 모두 '예스'의 에너지에서 탄생한다. 요가 수련의 목적은 또렷한 의식 상태이다. 따라서 우리가 수련 중에 흐트러짐 없는 맑은 의식을 느낄 때마다 요가의 목적은 달성된 것이나 다름없다. 어떻게 하면 우리의 몸과 삶에 더 큰 활력을 불어넣을 수 있을까? 답은 언제나 '예스'라고 말하는 것이다.

3
말하는 대로

우리의 모든 것은 생각으로부터 생겨난다.
생각으로 우리는 세상을 만든다.

- 붓다

소리 내어 말하든 속으로 속삭이든,

우리는 말을 통해 현실을 창조한다.

자신에게 하는 말을 바꾸는 것만으로도

전혀 다른 경험을 하게 된다.

말이 우리가 살아갈 에너지를 정하기 때문이다.

나의 스승 중 한 분인 아헹가B. K. S Iyengar는 "아사나는 동작을 그만두고 싶은 그 순간 시작된다."라고 말씀하시곤 했다. 전적으로 공감할 수 있는 이야기다. 바로 그 순간 창조적인 작업이 일어나기 때문이다.

어떤 자세를 할 때 심한 당김이나 통증이 느껴진다고 가정해 보자. 반달자세를 유지하느라 다리가 달달 떨릴 수도 있고, 비둘기자세에서 엉덩이에 경보음이 울릴 수도 있다. 그럴 때 여러분은 어떻게 하는가? 바로 자세에서 빠져나오는가? 아니면 좀 더 자세를 유지하면서 적응하고, 호흡하고, 흐름에 따라 나아가는가?

자세를 지속할지 여부는 우리가 스스로에게 하는 말에 따라 결정된다. 자세가 제대로 되지 않을 때, 노력한 만큼 원하는 자세가 나오지 않을 때, 동작이 어려워서 제대로 할 수 없을 때, 우리 안의 목소리는 그만 포기하라고 충동질한다. 그런 목소리는 누구에게나 있다. 수련이 마음처럼 되지 않을 때 사람들이 스스로에게 속삭이는 말을 나는 수없이 들어 왔다.

'나는 못 해.'
'하면 안 돼.'
'하고 싶지 않아.'
'이 자세는 나에게는 너무 벅차.'
'이건 비정상적인 자세야. 그러니까 할 필요 없어.'
'이만하면 할 만큼 했어. 더 밀어붙이지 않아도 돼.'
'다른 사람은 다 될지 몰라도 나는 예외야. 나는 못 해.'
'나는 이 동작에 약해.'

포기하는 순간, 그 목소리는 여러분에게 뭐라고 속삭이는가? 그만두라고 스스로를 채근할 때 나오는 특정한 대사는 여러분이 자신에 관한 고정관념에 사로잡혔다는 신호다. 이처럼 습관적인 사고방식이 작동하는 순간을 잘 관찰해야 한다. 바로 그 순간에 변화의 가능성이 잠재되어 있기 때문이다. 요가 동작은 어려움에 직면했을 때 자신이 어떤 반응을 보이는지 직시할 수 있는 확실한 기회다. 동작 안에서 보이는 반응이 곧 일상생활에서 보이는 행동일 수 있기 때문이다. 궁지에 몰리는 순간, 여러분의 평소 습관이 즉시 모습을 드러낸다.

잘 살펴보면 포기하는 순간 나오는 것은 겨우 몇 마디 말뿐임을 알 수 있다. 그 말에 힘을 실어 주는 것은 바로 자기 자신이다. 우리는 머릿속에서 오가는 생각을 바탕으로 어떤 행동의 실행 여부를 결정한다. 머릿속 생각에 주도권을 주고 그대로 따르는 것이다. 그러나 생각이 항상 행동으로 이어질 필요는 없다. 생각이 우리에게서 나오는 것은 맞지만, 그렇다고 해서 생각에 끌려다닐 필요가 없다. 어떤 생각이 존재한다는 것을 인식할 수 있으면 그 생각이나 내면의 대화 앞에서도 의식적으로 행동할 수 있다. 주도권은 자신에게 있다. 그러니 포기하고 싶어지는 순간 어떻게 할 것인지는 스스로 정하는 것이다.

머릿속의 소음에 주도권을 내주지 않는다면 수련이나 삶

은 어떤 모습이 될까? 머릿속을 오가는 생각들을 별 의미 없는 단어들로 여기고 흘려보낸 뒤 동작을 계속하면서 흐름을 타면 어떻게 될까?

●

멕시코의 의사 출신 작가 돈 미겔 루이스는 이렇게 말했다. "우리의 말은 창조의 도구다. 모든 것은 말을 통해 표현된다. 말은 힘이다. 그 힘으로 우리는 삶을 빚는다."

나는 언어가 수련에 미치는 힘이 얼마나 큰지 깨달았다. 습관적으로 내뱉는, 주도권을 포기하는 대사들을 자각한 것은 나의 수련에 중대한 전환점이 되었다. 변화가 일어나려면 내 안에서 사용하는 언어를 전부 바꿔야 한다는 사실을 인식한 후, 수련에 큰 발전이 찾아왔다. 언어야말로 매트 위에서의 실패와 성공을 판가름하는 핵심 요인이었다.

매트 위에서 강사의 구령에 따라 아사나를 한다고 상상해 보자. 동작을 하다가 동작 자체의 어려움이나 신체를 압박하는 감각 등 동작을 멈추게 하는 어려움에 부딪히면 우리는 스스로에게 이렇게 말한다. '나는 못 해.' 내면의 대화는 여기서 멈추지 않고 이어질 것이다. '나는 너무 나약해. 대체 나는 왜 이 모양인 걸까?' 이런 속삭임은 새로운 가능성을 만들어 내지 못한다. 반사적으로 튀어나오는 목소리일 뿐이다. 이 속삭임은 동작을 할 때마다 이래라저래라 명령하면서 무엇이 가능하고 무엇이 불가능한지를 제멋대로 결정짓는 습관의 목소리다.

'이젠 질렸어.'라든가 '이젠 정말 끝이야.'라고 속삭이는 머릿속의 목소리를 들여다보니, 그 목소리의 힘이 나를 압도하는 것이 보였다. 시간이 갈수록 나는 나를 잘 관찰할 수 있게 되었고, 그 덕에 전에는 보이지 않던 길을 택할 수 있었다. 습관의 목소리에 조종당하지 않고 예전과 다른 행동을 할 수 있게 된 것이다.

새로운 곳에 도달하고 싶다면 늘 해오던 것과는 다른 선택을 해야 한다. 전과 같은 행동은 전과 같은 결과를 가져올 뿐이다. 습관을 벗어난, 새로운 행동이 일어나려면 내면의 관찰자가 완전히 바뀌어 새로운 가능성을 볼 수 있어야 한다. 내가 내면의 시선을 바꾸고, 바뀐 시선으로 매트 위에서 스스로에게 속삭이는 말에 귀 기울이기 시작하자, 이전과 다른 결과를 불러올 수 있는 새로운 가능성의 문이 열리기 시작했다. 그동안 나를 지배해 온 습관의 목소리를 더 이상 따를 필요가 없었다. 그 목소리가 시키는 것은 이미 해보았다. 늘 똑같은 지점에 머무르지 않았던가?

과거와 다른 결과를 얻기 위해 전과 다른 행동이 필요하다면, 새로운 방법으로 접근해야 한다. 내가 '변화의 언어'라고 부르는 접근법이다. 수련과 삶을 긍정적인 방향으로 바꾸고 싶다면 우리가 사용하는 말 속에 반드시 변화의 에너지가 깃들어 있어야 한다. 수련에서 새로운 경험을 하고 싶다면 먼저 내면의 목소리가 속삭이는 말이 바뀌어야 한다. 좀 더 구체적으로 말하자면, 이제까지 한 번도 해보지 않은 말을 하고 어떤 일이 일어나는지 지켜보아야 한다.

어떤 변화의 언어를 사용해야 할까? 수련에 새로운 전환점을 가져오려면 스스로에게 하는 말을 어떻게 바꾸면 좋을까?

＊

일전에 작가 루이스 헤이와 함께 산책하면서 대화를 나

누던 중, 나는 흔한 속담을 인용해 "돌멩이 하나로 두 마리 새를 잡을 수도 있을 텐데요."라고 말했다. 그러나 언제나 범상치 않은 현명함으로 나를 놀라게 하는 루이스는 "새 두 마리를 죽이는 대신 더 쌩쌩하게 만들어 보면 어때요?"라고 대답했다. 그녀는 '선택하는 힘'에 대하여 말하고 있었다. 소리 내어 말하든 속으로 속삭이든, 우리는 말을 통해 현실을 창조한다. 자신에게 하는 말을 바꾸는 것만으로도 전혀 다른 경험을 하게 된다. 말이 우리가 살아갈 에너지를 정하기 때문이다.

두 명의 야구 심판이 더 노련한 선배 심판을 두고 대화하는 이야기가 있다. 심판 A가 심판 B에게 말한다. "빌 형은 진짜 고수야. 볼은 볼이라고 하고 스트라이크는 스트라이크라고 한다니까." 그러자 심판 B가 대꾸했다. "맞아. 빌 형은 진짜 고수야. 볼처럼 보이는 건 볼이라고 하고, 스트라이크처럼 보이는 건 스트라이크라고 한다니까." 그때 문제의 빌이 들어와서 그들에게 말했다. "자네들 둘 다 틀렸어. 볼이든 스트라이크든 내가 그렇게 선언하기 전까지는 아무것도 아니었어!"

노련한 심판 빌처럼 우리에게도 말로 현실을 구체화할 수 있는 능력이 있다. 살아오면서 여러분은 크고 작은 결정의 순간을 여러 번 맞이했을 것이다. 그리고 직업이나 관계, 부모가 되는 일 등 많은 것에 '예스'라고 답했다. 매트를 펴고 요가 수련을 하는 일에도 '예스'라고 했다. 만일 그중 한 번이라도 '예스' 대신 '노'라고 했다면 지금 여러분의 삶이 어떤 모습일지 생각해 보자. 지금과 얼마나 다른 모습이었을까?

우리 입에서 나온 '예스'와 '노'가 행동의 방향을 결정함으로써 얼마나 다른 결과를 만들어 내는지 알겠는가? 매트 위에서 매 순간, '예스'나 '노'라고 말하는 것이 즉시 몸과 마음에 영향을 미치는 것이 보이는가? '예스'나 '노'라고 말하는 것은 하나의 가능성을 닫고 다른 가능성을 여는 행위다. 단순하기 그지없는 이 두 단어를 통해 어떤 상황에 들어서기도 하고, 어떤 상황으로부터 멀어지기도 한다.

우리는 매 순간 말을 통해 결과를 만들어 낸다. 누구나 어느 정도는 그 사실을 알고 있다. 너무 분명한 사실이기 때문이다. 하지만 그래서 우리는 순간을, 요가 자세를, 나아가 삶을 심오하게 바꿔 놓을 수 있는 말의 힘을 종종 잊고 사는 것 같다.

⁌•

인간은 모든 것을 평가하려는 경향이 있다. 요가 수련이나 몸, 감정, 동작에 이르기까지, 우리는 자기 자신과 다른 사람들을 끊임없이 평가한다. 평가하는 행위 자체는 좋은 것도 나쁜 것도 아니지만, 평가의 대상은 그 평가에 영향을 받게 된다.

우리가 평가한 내용이 머릿속에 '변치 않는 진실'로 자리 잡으면 우리는 그것이 몸속에서 만들어 내는 진동에 꼼짝없이 갇히게 된다. 항상 무언가를 평가하게 마련이라면 제대로 평가할 수 있도록 기량을 향상하는 것이 이치에 맞을 것이다. 이제부터는 우리의 중심을 잡아 주고, 수련에 도움을 주고, 목표를 이루는 데 도움이 되는 방향으로 상황을 평가해 보자.

지금 내리는 평가가 앞으로 어떤 결과를 가져올지는 대개 잘 보이지 않는다. 예를 들어, 요가 강사가 되려는 꿈을 품고 동네 요가원에서 수련을 해온 제니라는 여성이 우리 요가원의 '퍼스널 레볼루션 40일 코스'를 듣는다고 가정해 보자. 그리고 어쩌다 보니 첫 주에 세 번 연속 결석을 했다고 치자. 그녀가 세 번 결석한 것은 '사실'이다. '사실'은 그 자체로는 아무런 감정적 색채를 띠지 않는다. 제니는 세 번 결석했고, 그저 그뿐이다.

하지만 '제니는 세 번 결석했다.' 다음에 '열심히 하지 않으니 믿음이 가지 않는다.'라고 덧붙인다면, 제니에 대한 평가에 주관적인 색깔이 입혀진 것이다. 이 색깔은 향후 제니의 행동을 예측할 때 영향을 미칠 수 있고, 요기로서뿐 아니라 인간 제니를 바라보는 다른 사람들의 시선을 바꿔 놓을 수 있다.

내가 만일 제니를 불성실하고 믿을 수 없는 사람으로 평가했다고 가정해 보자. 향후 그녀가 요가원의 강사로 지원했을 때, 원장이 그녀를 합격시킬까? 아닐 것이다. 왜 그럴까? 과거에 붙은 '불성실하고 믿을 수 없는 사람'이라는 평가가 그녀의 향후 행동에 대한 다른 사람들의 시각에 영향을 주었기 때문이다. 사회 안에서 통용되는 사람들의 공적인 이미지는 이런 방식으로 만들어진다. 그런데 우리는 스스로에게도 똑같은 행동을 한다.

내가 요가 워크숍을 열면 대개는 매트가 서로 맞닿을 정도로 수련실이 꽉 찬다. 매트 사이의 간격이나 워크숍 참가자의 수는 객관적으로 검증 가능한 사실이다. 수련실이 넓다면 '수련실이 널찍하다'는 평가를 덧붙이는 사람도 있을 것이다. 하지만 어떤 사람은 수련실이 좁다고 평가할 것이다. 수련실이 넓다, 혹은 좁다는 평가는 둘 다 주관적인 생각, 의견, 판단이다. 이런 판단에 따라 우리가 수련실을 어떻게 생각하는지 정해진다.

사람들에게 "자, 어느 쪽이 진실인지 알아봅시다. 이 수련실은 넓은가요, 좁은가요?"라고 묻는다면 어떤 반응이 나올까? 곧바로 "비좁아요. 사람이 너무 많아서 통조림 깡통에 든 생선이 된 기분이에요!"라고 하는 사람들도 있을 것이고, "글쎄요, 넓은 방에 사람들이 꽉 차서 친밀해지는 느낌인데요."라고 말하는 사람들도 있을 것이다.

수련실은 그 자체로는 어떤 속성도 지니지 않는다. 넓지도, 좁지도 않다. 수련실은 그저 그 모습대로 존재할 뿐이다. 내가 '물질성'이라고 부르는 영역에는 눈에 보이는 측정 기준이 있다. 수련실은 측정 기준에 따라 넓이를 규정할 수 있고, 수련실 안의 사람 수도 셀 수 있다. 그런 구체적인 수치를 확인하고 다른 사람들에게 말해 주면 다들 그대로 받아들일 것이다. '널찍하다'나 '비좁다'는 객관적으로 측정 가능한 속성이 아니다. 방이 넓은지 좁은지는 그것을 보고 평가하는 사람과 관련이 있다.

따라서 객관적으로 측정 가능한 수치들은 관찰 대상^{수련}실이나 ^{자세}에 속하는 것이지만, 그 대상에 대한 의견이나 판단은 관찰하는 사람에게 속한 것이다. 이 둘을 구별하는 것은 매우 중요하다. 관찰 대상으로부터 관찰자를 분리하는 것은 수련을 대하는 우리의 자세, 그리고 수련을 향상해 가는 방법에 지대한 영향을 끼치기 때문이다.

관찰자의 입장에서 스스로를 지켜보면 내면의 목소리가 속삭이는 편견이나 평가가 들리기 시작한다. 편견이나 평가는 수련에 창의적으로 접근하는 것을 가로막는 습관적인 목소리 같은 것이다. 우리가 자세를 완성하기 위해 노력하는 방법, 문제를 해결하는 방법, 진척도를 측정하는 방법,

자세와 상호 교감하는 방법 등에 영향을 주는 바로 그 목소리다.

예를 들어 어떤 요가 자세를 두고 "그 자세 진짜 어려워." 라고 할 수도 있고, "그 자세는 멋져."라고 할 수도 있다. 자, 어느 쪽이 맞는 말일까? 그 자세는 어려운가, 아니면 멋진가? 대답은 전적으로 보는 사람의 눈에 달려 있다. 자세 자체에는 아무런 속성도 내재해 있지 않다. 어렵지도, 멋있지도 않다. 자세는 그저 자세일 뿐이다. 나는 어렵다고 느끼는 것을 다른 사람은 멋있다고 느낄 수도 있다. 다시 한번 말하지만, 이 모든 평가는 대상을 관찰하는 관찰자에게서 비롯된다.

그런데도 자신의 평가나 개인적 의견, 판단이 진실이라고 착각하는 사람들이 얼마나 많은가? 그런 사람은 어디서나 만날 수 있다. 자신의 주관적인 평가를 절대적인 진리라고 생각하는 사람이 수련에서나 삶에서나 주도권을 잡지 못하는 것은 놀라운 일이 아니다. 자신의 편견을 객관적 진실로 여기고 그 안에 갇혀 사는 사람에게 어떻게 새로운 가능성이 샘솟을 틈이 생기겠는가?

주관적인 평가나 판단, 의견을 덧입히지 않고 아사나를 그 자체로 대할 때 전에 없던 힘과 자유를 경험하게 된다. 나는 이것을 '객관적 아사나 수련'이라고 부른다. 아사나를 객관적으로 대하려면 아사나가 요구하는 동작에 초점을 맞춰야 한다. 다른 사람은 내 자세가 제대로 됐는지 잘못됐는지 판단할 수 있다. 전사자세 1에서 무릎이 발목 바로 위쪽에 있는지, 뒤로 뻗은 다리의 발바닥이 바닥에 완전히 붙었는지 등등. 나의 신체 부위가 어디에 있는지에 대한 객관적 사실이나 내가 취하는 구체적인 동작은 나의 기분이나 감정, 의견에 영향을 받지 않는다. 객관적 아사나 수련에서 나는 내 몸에 대한 평가나 묘사가 아니라, 내 몸의 물리적 현실에 따라 움직인다.

평가는 관찰 대상보다는 관찰자에 대한 것을 더 많이 보여 준다. 아헹가 스승님은 "아사나는 동작을 그만두고 싶은 순간 시작된다."라는 말을 통해 그 사실을 우리에게 가르쳐 주려고 하셨던 것 같다. 자세를 취하고 있는 그때 그 자리에 바로 자신관찰자에 대해 무언가 배울 기회가 있고, 말을 이용해 자기 자신과 자신의 경험을 바꿀 기회가 있다. 다행스러운 것은 스스로 하려고만 한다면 기회는 언제든 있다는 사실이다.

자신의 자세를 평가하는 태도는 개인적인 기준이나 기대, 기분, 감정에 크게 영향을 받는다. 아사나를 하는 것은 아침에 일어나서 '하늘은 구름 한 점 없이 푸르고 밖의 기온은 섭씨 24도'라는 것을 알게 되는 것과 같다. 내 기분이나 감정 상태와 상관없이 날씨는 그러한 것이다. 단, 그 날씨를 어떻게 평가하느냐에 따라 날씨를 받아들이는 자신의 태도가 결정된다. 날씨가 어떻든 간에 기분이 좋지 않다면 입에서 "좋은 날이네요."라는 말이 나오지는 않을 것이다.

자세의 실제 상태는 우리의 설명이나 주관적인 평가, 기분, 판단과 무관하다. 수련을 재정비하기 위해서는 이 점을 깨달아야 한다. 자세에 대한 머릿속의 대사, 우리의 주관적인 평가의 옳고 그름은 중요하지 않다. 변화는 우리가 스스로를 관찰하면서 '이 자세와 관련해 내가 스스로에게 하는 이야기는 도움이 되는가, 안 되는가? 내가 하는 이야기가 원하는 결과를 끌어내는 데 도움이 되는가?' 하고 물을 때 일어난다.

질문에 대한 답이 '아니오'라면 새로운 세계, 새로운 가능성을 열어 줄 새로운 이야기를 만들어 가면 된다. 시간과 연습이 필요할 뿐이다.

4

승리라는 이름의 호흡, 우짜이

우리가 '나'라고 부르는 것은 숨을 들이쉬고 내쉴 때마다
앞뒤로 흔들리는 여닫이문일 뿐이다.

– 스즈키 순류

호흡을 관찰하면 자신에 대하여

더 많은 것을 인식할 수 있다.

기분과 감정이 달라지면 호흡의 리듬도 달라진다.

화가 나거나 좌절감이 느껴질 때 자신의 숨을 지켜보자.

호흡에 특정한 기운이 서려 있음을 알 수 있을 것이다.

호흡은 신체의 잠재력을 여는 열쇠다. 따라서 규칙적이고 안정된 호흡이야말로 요가 수련에서 가장 중요한 덕목이다. 규칙적이고 안정적으로 호흡하려면 호흡과 동작의 관계를 보는 눈을 키워야 한다. 몸과 에너지, 동작에 영향을 주어 원하는 변화를 가져올 수 있을 만큼 호흡과 깊이 연결되려면 남다른 노력이 필요하다. 동작과 호흡을 일치시키는 능력이 향상될수록 이 두 요소가 별개로 느껴지기보다는 수련이라는 직물을 만들어 내는 한 가닥의 실처럼 여겨질 것이다.

의식을 집중하면 호흡은 마치 안개를 걷어 주는 바람처럼 자연 그대로의 순수한 에너지가 되어 우리 안을 훑고 지나간다. 들숨을 쉴 때마다 몸속으로 새로운 생명력이 들어오고, 날숨을 쉴 때마다 몸이 정화된다. 수련하면서 의식적으로 호흡을 하면 평온하고 안전하다는 신호를 뇌에 전달하게 된다. 호흡과 동작이 일치하면 신체적, 정신적 저항이 한 겹씩 벗겨진다. 호흡은 수련이 벽에 부딪혔을 때 우리를 지탱해 주는 힘이자 이제까지 가보지 못한 정신, 감정, 육체의 신세계로 이끄는 촉매제다.

뱁티스트 요가에서는 '우짜이 호흡법'을 사용한다. 우짜이 호흡은 뱁티스트 요가의 빈야사 수련을 우아하게 만들어 주는 요소다. 우짜이 호흡을 통해 우리는 일상생활과 수련을 직관적으로 이끌어 가는 데 반드시 필요한 고요한 열정의 근원에 다가갈 수 있다. 우짜이 호흡은 어려운 상황이 찾아왔을 때 평정심과 편안함을 주는 원천이자, 활력과 창조적 에너지를 받아들이는 통로다.

우짜이는 산스크리트어로 '승리'라는 뜻이다. 요가 철학에서는 자기 자신을 넘어서는 무언가에 온전히 헌신할 때 승리를 쟁취할 수 있다고 본다. 그렇다면 문제는 '요가 수련을 어떻게 자기 자신을 넘어서는 무언가로 만들 것이냐'에 있다. 이 질문에 대한 답은 호흡이 가진 변화의 힘을 인식하고, 그것과 하나가 되는 데서 찾을 수 있다.

호흡과 무념무상의 상태는 밀접하게 연관되어 있다. 호흡과 생각과 감정은 보이지 않는 끈으로 서로 연결되어 끊임없이 함께 움직인다. 따라서 자신의 호흡에 주의를 기울이면 자연스럽게 생각의 틀이나 감정과 에너지의 기복을 천천히 알아차리게 된다. 호흡은 마치 거울처럼 생각과 감정을 그대로 비춰 준다.

경험한 바에 의하면, 특별한 계기가 없는 한 대부분의 사람은 호흡이나 호흡이 수련에 미치는 영향을 알아차리지 못한다. 호흡을 알아차리거나 관찰하는 것을 잘하지 못하기 때문이다. 여러분은 어떤가? 우리는 대개 늘 하던 대로 수련하고, 수련이 잘됐더라도 그때의 호흡이 어땠는지는 거의 기억하지 못한다. 따라서 가장 중요하고, 가장 먼저 해야 할 일은 호흡을 알아차리는 것이다. 지금 바로 해보자. 잠시 하던 일을 멈추고 자신의 숨을 느껴 보자.

호흡을 관찰하면 자신에 대하여 더 많은 것을 인식할 수 있다. 기분과 감정이 달라지면 호흡의 리듬도 달라진다. 화가 나거나 좌절감이 느껴질 때 자신의 숨을 지켜보자. 호흡에 특정한 기운이 서려 있음을 알 수 있을 것이다. 두려움이 느껴질 때 호흡의 흐름을 지켜보자. 슬플 때, 들숨과 날숨의 속도와 리듬을 느껴 보자. 평온하고 기분이 좋을 때, 편하게 사바아사나를 하고 있을 때, 호흡이 주는 느낌과 소리를 따라가 보자. 건강할 때의 호흡이 아플 때의 호흡과 다르다는 것을 눈치챈 적이 있는가? 몸이 아프면 호흡의 균형이 깨지거나 호흡이 체내에 이상이 생겼음을 경고할 수도 있다. 반대로 건강할 때는 호흡에 별다른 어려움이 없기 때문에 우리는 대개 숨 쉬고 있다는 사실 자체를 잊어버리곤 한다.

이렇듯 숨 쉬는 것을 인식하지 못하고 지내는 우리에게 '리시빙 포즈'는 호흡을 관찰할 좋은 기회다. 리시빙 포즈에서는 자신의 여러 가지 호흡 패턴과 그 패턴이 드러내는 다양한 성질을 인식할 수 있고, 마음 상태가 바뀔 때마다 호흡도 변하는 것을 관찰할 수 있다. 반대로 호흡이 바뀔 때도 마음 상태나 감정 에너지가 변한다. 따라서 호흡을 알아차리면 변화할 힘이 생긴다. 단지 호흡 하나로 마음과 기분을 바꿀 수 있다.

프라나야마pranayama는 호흡에 주의를 기울이고 의도적으로 호흡에 변화를 주는 수련이다. 의식적으로 호흡을 제어할 수 있는 사람은 큰 전환점을 만날 수 있다. 리시빙 포즈를 하는 동안 호흡을 의식하면 집중력을 예리하게 갈고 닦을 수 있다. 호흡에 집중하는 훈련을 하면 동작을 할 때 명상 효과가 생겨나 몸과 마음과 존재가 하나로 통합된다. 그리고 매트 위에서 길러진 이런 마음챙김 기술 덕분에 일상생활에서도 전반적으로 집중력이 향상된다.

2012년, 과학저널 〈인간 신경과학의 선구자들Frontiers in Human Neuroscience〉에 발표된 한 논문에서 연구자들은 명상 경험이 전혀 없는 사람들을 대상으로 실험을 진행했다. 연구에 참여한 사람들은 세 시간짜리 마음챙김 명상 훈련을 받았다. 그런 다음 일부는 16주 동안 하루에 10분씩 명상을 했고, 나머지 사람들은 명상을 하지 않았다. 그 뒤 참가자들에게 세부 사항까지 꼼꼼하게 살펴야 하는 과제를 주었다. 그 결과, 명상을 한 사람들이 그렇지 않은 사람들보다 과제 수행 시 집중력이 더 높았다. 이 연구는 잠깐의 명상이라도 뇌의 신경 패턴에 변화를 가져온다는 사실을 보여 준다.

초보 수련자라면 호흡을 재미있는 탐험으로 받아들여 보자. 호기심을 갖고 호흡의 리듬과 효과를 지켜보면 호흡과 더 깊은 관계를 맺을 수 있을 것이다. 우선 동작을 하면서 호흡에 집중하자. 호흡을 관찰하면서 몸 안으로 들어오고 나가는 숨을 통제하는 놀이를 즐기자. 호흡이 몸과 몸의 에너지에 어떤 영향을 주는지 관찰하자. 그렇게 하다 보면 자신이 확장되는 느낌을 받을 수 있을 것이다. 단순히 들숨과 날숨을 관찰하는 것만으로도 호흡의 흐름이 달라지고, 호흡의 흐름이 바뀜에 따라 여러분 자신도 바뀔 것이다.

프라나야마를 영어로 옮길 때 흔히 '호흡 제어breath control'로 번역하는데, 나는 이 표현이 마음에 들지 않는다. 내가 경험한 바로, 프라나야마는 호흡을 조절하는 것이라기보다는 의식적인 호흡을 통해 들어오는 에너지와 생기의 흐름을 확장하는 것에 가깝다. 프라나prana는 '호흡에 들어 있는 생명 에너지'라는 뜻이고, 야마yama는 '무한한 확장'이라는 의미이기 때문이다.

호흡을 조절하는 것에 목표를 두면 '생명 에너지를 조절하는' 사람이 되어 버리는데, 생명 에너지를 조절하는 것은 프라나야마가 지닌 엄청난 가능성을 축소하는 행위다. 프라나야마는 생명 에너지를 축소하는 것이 아니라 확장한다. 그런 선물은 우리가 호흡의 흐름과 하나가 되어 그것을 몸, 마음, 에너지와 분리될 수 없는 것으로 경험할 때 주어진다. 이런 말이 황당한 이야기로 들릴지 모르지만, 수련을 하면서 직접 시도해 보고 어떤 일이 일어나는지 한번 지켜보기 바란다. 호흡이 온몸에 자연스럽게 흘러 맥박, 신체 감각, 에너지 움직임의 변화와 조화를 이루게 되면 이 말이 무슨 뜻인지 이해할 수 있을 것이다. 이것은 내가 호흡을 주도하는 상태에서 벗어나 호흡이 주체가 되고 나는 다만 호흡과 하나가 됨으로써 경험하게 되는 의식과 에너지의 확장이다.

규칙적으로 깊이 숨을 들이쉬고 내쉬는 우짜이 호흡의 목적은 전체와의 조화 속에서 호흡을 하는 것이다. 그러면 온전히 존재할 수 있게 되고, 많은 경우 주변에 있는 사람들과 조화를 이루게 된다. 이것은 요가에도, 삶에도 해당된다.

내가 결혼을 약속했던 여인과의 한때가 기억난다. 우리는 캘리포니아의 델마르 해변에서 손을 꼭 잡고 가만히 앉아 있었다. 서로 사랑한다는 것을 느낄 수 있었다. 그런데 어느 순간 갑자기 우리가 똑같이 숨을 쉬고 있다는 것을 깨달았다. 말하지 않아도 우리는 육체적으로, 감정적으로 서로를 깊이 신뢰했고, 마치 한 사람처럼 숨을 쉬고 있었다. 들숨과 날숨을 서로 맞추려고 노력하지 않았는데도 자연스럽게 그렇게 된 것이다.

여러분도 친구나 연인과 함께 있을 때 주의를 기울여 관찰해 보기 바란다. 두 사람이 연결되어 있다면 호흡의 리듬도 같아짐을 느낄 수 있을 것이다. 반대로 두 사람이 제대로 연결되어 있지 않거나 동요하고 있다면 각자 따로 호흡하고 있을 것이다. 자연 속에 앉아서 명상을 하거나 그저 조용히 앉아 아무 생각 없이 그 순간을 즐긴다면, 자신의 숨결이 주변의 소리와 조화를 이룬다는 것을 알 수 있을 것이다. 반대로 자연 속에 나가서도 머릿속의 소음에서 벗어나지 못하면 자연의 맥박과 연결이 끊어지고 호흡에도 그 상태가 고스란히 드러날 것이다.

요가 자세를 취한 상태에서 흔들림 없이 한 지점을 응시하면 호흡이 깊고 막힘없이 흐를 것이며, 몸이 경험하고 있는 것과 호흡이 같은 리듬을 타고 있음을 느낄 것이다. 호흡이 몸과 하나 될 때는 저항이나 싸움 같은 것은 없어진다. 편안하면서도 흔들림 없이 자세에 몸을 내맡긴 상태를 경험하게 될 것이며, 더 이상 '호흡을 하려고' 애쓸 필요도 느끼지 못할 것이다. 이미 자세의 중심으로부터 움직이고, 숨 쉬고, 존재하고 있기 때문이다. 빠진 것도 필요한 것도 없는, 온전하고 완벽한 상태에 이르는 것이다.

이와 반대로 자세를 취하는 동안 계속 저항하거나, 벗어나려 하거나, 시계를 쳐다보며 어서 끝나기만 기다린다고 가정해 보자. 호흡이 흐트러져 동작과 분리될 것이다. 숨을 쉬고는 있지만 그것이 몸이나 마음, 경험과 조화를 이루지는 못할 것이다. 리시빙 포즈에 몰입하면 몸으로 호흡할 뿐 아니라 몸과 함께 호흡하게 된다.

나는 경험을 통해 호흡을 '머리로 아는 것'과 '직접 해보는 것'은 천지 차이임을 깨달았다. 여러분도 직접 체험해 보면 이러한 경험의 에너지가 다른 사람들에게 전달되고 공유될 수 있다는 사실을 알게 될 것이다. 호흡은 우리 자신뿐 아니라 우리가 다른 사람과 맺는 관계까지도 변화시킨다.

어렸을 때 나는 부모님을 따라 인도 곳곳을 다니며 수많은 요가와 명상 지도자들을 만났다. 그분들을 만나러 갈 때면 아버지는 항상 나에게 다음과 같이 말씀하셨다. "스승님을 만나거든 꼭 그분의 호흡을 눈여겨보렴. 그분과 연결되는 느낌이 들 때는 네 호흡도 살펴보고." 어떤 스승님들은 만나는 순간 호흡이 완전하게 느껴지고, 나의 정서 상태가 그분의 호흡과 조화를 이루었다. 그럴 때면 내가 내 몸 깊숙이 안착해 존재의 중심과 연결되는 듯한 기분이 들었다.

호흡이 연결되거나 끊어지는 경험은 나 자신이나 다른 사람과의 관계에서뿐 아니라 단체 수업에서도 일어난다. 사람들로 꽉 찬 수련실에서 수업을 할 때면, 나의 호흡이 방 안에 있는 모든 사람과 하나하나 연결되어 모두가 한 덩어리로 숨 쉬는 듯한 기분이 든다. 숨이 '나'에서 '우리'로 흐르는 것이다. 내가 머릿속의 소음에 갇혀서 지금 여기, 내몸, 내 존재로부터 사람들을 가르치지 못하면 수련실의 호흡은 깨져 버리고 만다. 반대로 내가 머릿속의 소음에서 벗어나 진정으로 학생들과 함께하고, 진실한 마음으로 수련실의 분위기에 귀 기울이면 나의 호흡이 그들의 호흡과 연결되고, 그들의 호흡은 내 호흡과 연결된다.

나에게 프라나야마란 '온몸으로 하는 호흡이자, 모든 사람과 연결되고 움직임이 발생하는 근원'이다. 이것이 '호흡 제어'라는 평범한 정의 대신 내가 요가를 가르칠 때 적용하는 프라나야마의 정의다. 호흡을 조절하려 하면 호흡을 억제하게 되고, 따라서 생명력의 근원으로 가는 다리를 끊어버리게 된다. 매트 위에서든 매트 밖에서든 호흡이 구속받지 않고 자유롭게 흐를 때, 생명 에너지는 우리를 한계 너머의 영역으로 데려다준다.

요기들은 들숨과 날숨의 사이, '숨 멈춤'의 공간에 삶의 비밀이 들어 있다고 말한다. 글자 그대로 보면 얼토당토않은 말이다. 숨이 없는 곳에서 어떻게 삶의 비밀을 발견할 수 있단 말인가? 숨 멈춤이란 곧 죽음 아닌가? 하지만 그것은 역설적 표현이다. 삶이 무엇인지 알고 싶은가? 숨이 멈춘 그곳에 답이 있다. 요기들은 그 빈틈에, '무無가 있는' 그곳에 창조력과 활기가 가득한 생명의 원천이 있다고 말한다.

생명의 원천에 닿으려면 들숨과 날숨 사이에 있는 '잠시 멈춤'의 순간을 알아차려야 한다. 그 숨과 숨 사이의 빈틈에, 특별하고 기적적인 무언가를 발견할 수 있는 열쇠가 있다. 리시빙 포즈에서 숨을 들이쉰 다음, 의식적으로 호흡을 멈춰 보자. 고요한 공간과 생명 에너지를 느끼면서 정지의 순간을 평소보다 조금 길게 유지해 보자. 숨을 내쉰 뒤, 평소보다 조금 길게 '숨 멈춤'의 상태에 머무르면서 숨과 숨 사이의 빈 곳을 좀 더 깊게 느껴 보자. 그동안 해오던 호흡에 시간과 공간을 더 많이 들여와 보자.

잠깐 숨을 멈춰 보는 것은 평소의 관점이나 감정 상태에 변화를 줄 수 있는 좋은 연습 방법이다. 요가를 할 때는 물론 산책을 할 때도 꼬리에 꼬리를 무는 생각 속에 무의식적으로 빠진 자신을 발견한다면, 잠깐 숨을 멈춰 보자. 그 멈춤 안에서 정신이 번쩍 들고 모든 잡생각이 순식간에 사라질 것이다. 이 연습은 호흡과 생각이 서로 연결되어 있음을 잘 보여 준다. 숨이 멈춰진 공간에 머무르면 생각도 사라진다. 오롯이 지금 이 순간에 존재하면서, 새로운 가능성의 영역으로 들어가게 된다. 생각과 호흡은 물질세계의 일부분이다. 창조가 일어나는 영역인 존재의 세계에는 생각과 호흡이 존재하지 않는다.

들숨과 날숨 사이에 있는 빈틈을 조금 더 길게 늘려 보는데서도 배우는 점이 있지만, 숨이 들고 나는 과정 전체를 지켜보면 훨씬 큰 배움을 얻을 수 있다. 그저 지켜보라. 숨이 들어올 때, 한순간도 놓치지 마라. 계속 지켜보면 숨을 들이쉰 뒤 자동으로 빈틈이 생기는 것을 알아차릴 수 있을 것이다. 관찰자가 되어 그저 바라보라. 숨이 몸을 떠나기 시작하는 것을 지켜보라. 숨이 완전히 몸 밖으로 나가는 것을 지켜보라. 반복해서 숨이 들어오고 나가는 모습을 가만히 지켜보라.

숨과 숨 사이의 찰나에는 생각이 사라진다는 것을 곧 느낄 수 있을 것이다. 생각이 사라진다는 것은 '생각이 곧 나'라는 동일시 현상이 깨짐으로써 생각과 자신을 분리된 존재로 바라볼 수 있게 된다는 의미다. 생각이 나를 소유하는 것이 아니라 내가 생각을 소유하게 되는 것이다. 그러면 숨이 들고 날 때마다 생각이 호흡과 나란히 움직이는 것을 지속적으로 경험하게 된다. 생각과 호흡은 서로 연결되어 있으면서도 대립하는 동전의 양면과 같다. 요가 자세를 하는 동안 호흡을 지켜보면 육체의 활동인 움직임과 정신의 활동인 명상이 한데 어우러지게 된다.

호흡 수련의 미덕은 신체에 치우친 사람과 정신에 치우친 사람 모두에게 아주 좋은 기회를 열어 준다는 점이다. 호흡 수련을 통해 온전하고 완전한 상태를 경험함으로써 신체와 정신의 균형을 찾아가게 되기 때문이다. 내 경험에 따르면, 요가 수련의 시작과 끝은 프라나야마라고 해도 과언이 아니다.

5
시선 고정하기

햇빛이 사물을 태우려면 초점을 한 지점에 고정해야 한다.
– 알렉산더 그레이엄 벨

시선을 한 점에 집중하는 행위는 신경계를 안정시키는
메시지를 보내 산란한 정신이 방향을 찾게 해준다.
시선이 흐트러지면 정신도 흐트러지고,
시선이 한 점을 향하면 마음도 한 점을 향한다.
마음이 한 점을 향할 때, 우리는 평소에 얻지 못했던
놀라운 결과를 일궈 낼 수 있다. 눈은 정신의 렌즈다.

드리시티drishti는 산스크리트어로 '응시하다'라는 뜻이다. 흐트러짐 없는 드리시티는 단순히 눈으로 바라보는 행위를 넘어, 요기로서 만들어 낼 수 있는 가장 강력한 도구 중 하나다. 요가 수련은 드리시티의 토대 위에서 행해지는 '움직이는 명상'이다.

드리시티는 눈에 보이는 물리적 영역에서 먼저 시작된다. 주변의 한 지점을 정해 그곳을 응시한다. 모든 동작의 시작부터 끝까지, 눈에 힘을 빼고 지그시 한 지점을 바라본다. 힘주어 노려보면 안 된다. 자세가 끝날 때까지 시선을 유지하고, 동작을 바꿔 나갈 때마다 의식적으로 시선을 한 지점에서 다른 지점으로 옮긴다. 단순한 행위지만 결과는 강력하고, 또한 심오하다.

실용적 차원에서 보면 드리시티는 요가 동작을 안정적으

로 구현하는 데 필수적이다. 균형 잡힌 동작은 고요한 마음에서 비롯되고, 고요한 마음은 눈에서 시작된다. 시선이 흔들림 없이 한 지점을 응시하면 정신 역시 그러할 것이며, 수행자 역시 힘든 가운데서도 효과적으로 평정심을 유지할수 있다.

시선을 한 점에 집중하는 행위는 신경계를 안정시키는 메시지를 보내 산란한 정신이 방향을 찾게 해준다. 시선이 흐트러지면 정신도 흐트러지고, 시선이 한 점을 향하면 마음도 한 점을 향한다. 마음이 한 점을 향할 때, 우리는 평소에 얻지 못했던 놀라운 결과를 일궈 낼 수 있다. 눈은 정신의 렌즈다.

프라트야하라pratyahara, 감각의 에너지를 내면으로 모으기와 다라나dharana, 마음을 한 곳에 집중하기 수련에서도 시선을 고정하면 의식을 집중할 수 있다. 프라트야하라는 요가의 다섯 번째 수행법으로, 감각을 한 점에 집중하는 것과 관련이 있다. 일상에서 우리의 감각은 대개 사방에 흩어져 있다. 정신은 눈에게 "여기 봐!" 코에게 "이 냄새 맡아!" 귀에게 "저것 좀 들어!"라고 명령해 댄다. 그러나 프라트야하라는 정신과 달리

단 하나의 목표에 모든 감각을 집중시킨다. 예컨대 내가 누군가의 질문을 받고 대답하면서 대화에 빠져들었다고 하자. 이때 나는 프라트야하라 상태가 된다. 눈도 뜨고 있고, 귀도 열려 있고, 후각과 촉각에도 이상이 없지만, 이 모든 감각은 배경 뒤로 사라진다. 대화에 온전히 몰입해 있기 때문이다. 프라트야하라 상태에서는 정신이 다른 것에 집중하고 있기 때문에 감각이 평소처럼 작동하지 않는다.

드리시티를 통해 한 가지 목표에 집중하도록 감각을 훈련할 수 있다. 예를 들어 앉아서 명상을 하면서 이마 한가운데로 시선을 모아 드리시티 상태에 이르렀다고 상상해 보자. 양손에 주의를 둔 채 호흡의 드나듦과 심장의 박동에 완전히 집중해 보자. 동시에 주변의 소리에도 귀를 열어 둔다. 이 완벽한 현존과 하나됨의 상태에서 당신은 자신이 앉아 있다는 사실조차 까맣게 잊어버릴 것이다.

다시 평상 의식으로 되돌아오면 다리에 감각이 없을지도 모른다. 명상을 하다 보면 의식이 더 큰 목표에 고정되어 있기 때문에 그런 일이 생겨도 잘 알아차리지 못할 때가 있다. 정신과 감각은 같이 움직이면서 그 순간의 깨어 있음과 현존 속에 녹아들어 간다. 프라트야하라는 이런 방식으로 자연스럽게 일어나지만 그것을 가능하게 하는 것은 드리시티 수련이다.

요가의 여섯 번째 수행법은 '다라나'다. 다라나는 감각과 별개로 정신이 오직 한 지점에 집중되어 있는 상태다. 집중의 대상은 단어, 소리, 물체 등 무엇이든 될 수 있지만, 오로지 한 가지여야 한다. 다라나는 명상의 디딤돌로, 인위적으로 만들어 낼 수 있는 것이 아니라 드리시티에서 자연스럽게 생겨나는 것이다. 드리시티를 제대로 하면 집중력을 흐트러뜨리는 요소들은 사라진다. 머릿속의 속삭임도 잠잠해지고 시간도 멈출 것이다. 적어도 시간 감각이 무뎌질 것이다. 흔들리거나, 넘어지거나, '언제쯤 이 자세가 끝날까?'라고 스스로에게 묻는 자신을 발견한다면 그것은 드리시티를 잃었다는 신호다.

드리시티는 몸을 정화해 주는 열기인 타파스tapas를 만들어 내기도 한다. 타파스의 에너지는 상승시키고, 팽창시키고, 부드럽게 만들고, 녹이고, 증발시키는 열의 속성을 지니고 있다. 드리시티로부터 나오는 강력한 타파스는 망설임이나 두려움, 저항을 태워 없애서 우리의 시야를 가로막는 것들을 말끔히 치워 주고 진정한 자아를 막힘없이 드러낼 수 있도록 이끈다. 유리가 차가울 때 억지로 모양을 바꾸려 들면 산산조각 나지만 열로 유리를 녹이면 얼마든지 구부리고 형태를 잡아 원하는 모양으로 만들 수 있다. 타파스도 우리의 몸과 저항에 유사한 결과를 가져온다. 몸도 저항도 뜨겁게 달구자. 그러면 부드러워질 것이다.

단 하나의 지점을 집중해서 응시하면 각종 편견과 생각의 광풍으로부터 자유로워질 수 있다. 드리시티는 모든 근본적 변화가 일어나는 장場인 리시빙 포즈로 우리를 데려다준다. 그리고 요가의 여덟 번째 수행법이자 '치우침 없는 시각'이라 번역되는 사마디samadhi에 도달하도록 문을 열어 준다. '사마sama'는 '공평하고 중립적'이라는 뜻이고, '디dhi'는 '시각'이나 '본다'는 뜻이다. 즉, 치우침 없는 시각은 편견 없이 바라본다는 의미다. 선호하지도 비난하지도 않고, 그저 바라보는 것이다. 사마디는 우리의 경험을 과거의 기억에서 비롯된 백미러를 통해 보는 것이 아니라 얼룩 한 점 없는 투명한 렌즈로 바라보는 행위다. 매트 위에서 사마디에 이르는 훈련을 하면 일상생활에서도 사마디를 활용할 수 있다.

그러나 드리시티 수련에 담긴 가장 큰 의미는 우리가 주의를 기울이는 방향으로 에너지가 흐른다는 것이다. 인생의 힘든 점만 곱씹으며 그것을 떼려야 뗄 수 없는 자신의 일부로 만든다면 계속해서 힘든 일만 생길 것이다. 반대로 자신이 가고 있는 방향과 중요하게 생각하는 일에 초점을 맞춘다면 그 흐름에 맞는 일을 창조하게 될 것이다. 아사나라는 신체적 활동을 통해 시선을 한 지점에서 다른 지점으로 옮겨 가면서 우리는 흔들림 없는 시선과 정렬된 신체를 유지하는 법을 익히고, 깨어 있는 의식을 기른다. 깨어 있는 의식을 기르면 매트 밖의 삶에도 큰 도움이 된다. 드리시티 수련은 삶에서 하는 모든 경험을 깊은 곳까지 크게 변화시킨다.

드리시티는 제3의 눈이라고 불리기도 한다. 의식의 렌즈를 통해, 채색되거나 여과되지 않은, 있는 그대로의 인식을 가능하게 해주는 눈이다. 뱁티스트 요가에서는 '수련의 완성은 아무 편견 없이 보고 들을 수 있는 능력에서 온다'고 강조한다. 정신을 훈련하고 수련에 더 깊이 몰입하기 위해 우리는 자세마다 시선을 고정하는 연습을 한다.

자세를 하고 정지한 상태에서, 즉 리시빙 포즈에서 현상을 있는 그대로 보려면 우선 과거의 습관에 의해 자동 반사적으로 일어나는 고정된 인식을 매 순간 인지해야 한다. 지금 하고 있는 자세에 대해 알고 있는 것, 믿어 왔던 것, 경험했던 것들을 잠시 접어 두고, 백지상태가 되어야 한다. 우리 자신과 우리가 하고 있는 동작 사이에 아무것도 존재하지 않는 상태, 그 지점에 드리시티를 갖다 놓아야 한다.

지금까지 배운 귀중한 지식과 경험을 모조리 버릴 필요는 없다. 다만 그런 것들이 매트 위에서의 동작과 우리 사이에 끼어들어 수련을 방해하는 일이 없도록 잠시 치워 두어야 한다. 고정된 시선을 유지하는 데 능숙해질수록 기존의 배움이 새로운 배움을 왜곡하지 않으면서도 더 잘 이해하게끔 도와줄 것이다.

작가 아나이스 닌은 다음과 같이 말했다. "우리는 사물을 그들의 모습이 아니라 우리의 모습대로 본다." 우리가 사물을 있는 그대로 보지 못하는 이유는 그것을 각자의 상황, 의견, 입장, 역사에 따라 바라보기 때문이다. 즉, 이미 '그것에 대해 알고 있다'는 선입견을 품고 바라보기 때문이다. 그러한 시각으로 보는 것이 자신에게는 '당연한' 것이기 때문에 그 안에 갇힌 채 좀처럼 헤어나지 못한다.

자기 자신과 동작 사이에 아무것도 두지 않는다는 것은 투명하고 깨끗한 렌즈, 다시 말해 편견 없는 시선을 통해 신체의 경험과 에너지적인 경험을 있는 그대로 받아들인다는 뜻이다. 자신과 동작 사이에 그 어떤 방해물도 없을 때, 일어나는 현상들을 무수히 다양한 관점으로 바라볼 수 있을 것이다.

요가를 마스터하려면 지금까지 '절대 진리'라고 생각했던 것이나 과거의 경험에서 비롯된 믿음을 과감히 내려놓고, 그런 것들은 그저 사물을 바라보는 수많은 관점 중 하나에 불과하다는 사실을 인정해야 한다. 수련의 완성은 자동 반사적으로 고정된 관점을 360도 전방위로 확장하는 데서 온다.

시선을 한 지점에 고정하고 매 순간의 경험에 온전히 몰입하면 이전에 갖고 있던 편견을 내려놓을 수 있게 되고, 마침내 그 순간의 동작과 몸, 경험이 다양한 관점에서 보이기 시작한다. 이처럼 '바라보는' 행위와 매트 위에서의 행위 사이에 아무것도 없게 되면, 자동으로 수많은 경로와 가능성이 열릴 것이다.

드리시티는 단순히 벽의 한 지점을 뚫어지게 쳐다보는 행위가 아니다. 드리시티는 눈을 뜨고 하는 명상으로, 보이는 것을 '진짜로' 보고, 시선을 집중하는 지점과 함께 존재하는 행위다.

외부의 한 지점과 연결되면, 그때부터 수많은 내면의 지점과도 연결되는 것을 느낄 수 있을 것이다. 한 점과 연결되면 모든 점과 연결될 수 있기 때문이다. 완전한 드리시티가 이루어지면 자신의 상태를 분명하고 뚜렷하게 느낄 수 있다. 발에, 호흡에, 몸의 코어, 즉 중심에 연결되는 것이다.

지금 바로 눈앞의 지점을 하나 정해서 가만히 바라보자.

시야와 의식이 맑고 잡념이 없을 때 다른 사물과 곧장 연결되는 것을 바로 느낄 수 있을 것이다. 외부의 지점에 시선을 고정하는 동시에 발이나 발과 바닥의 접촉도 같이 느껴 보자. 다음에는 다리, 다리와 골반의 접점, 상체, 팔을 거쳐 손까지, 목을 지나 머리끝 정수리까지 하나하나 느껴 보자. 고정된 시선을 그대로 유지하고 의식한 채 가슴으로 들고 나는 숨의 흐름을 느껴 보자.

고정된 한 지점에서부터 의식의 범위를 넓혀 지금 어떤 감정이 일어나는지 살펴보고, 그 감정이 몸의 어느 부분에서 느껴지는지 보자. 가슴인가, 어깨인가, 배인가? 이런 식으로 의식의 지점을 계속해서 더해 나갈 수 있다. 중요한 것은 아무 잡념 없이 한 지점에 시선을 고정할 수 있으면 다른 지점까지 모두 열린다는 사실을 배우는 것이다. 자신의 몸과 경험에 연결되고, 그런 것들을 자기 뜻대로 만들고 변화시켜 갈 수 있는 것, 이 모든 것이 드리시티에서 시작된다.

생각을 바꾸려면 시점을 바꿔야 한다. 골짜기에서 올려

다보는 산과 산등성이에서 내려다보는 산은 전혀 다를 것이다. 마찬가지로 머리로 서서 거꾸로 보는 세상은 발로 서서 바라보는 세상과는 사뭇 다를 것이다. 다른 시점은 다른 시각을 만든다. 그것은 자신의 외부 세계와 내면세계 모두 마찬가지다. 시각의 중립성은 당연히 자신의 시점에 따라 좌지우지된다.

드리시티는 신체적으로 깊은 현존의 상태에 이르게 할 뿐 아니라, 관찰자의 시선에서 질문을 던질 수 있게 해준다. 우리가 이 경험을 과거의 경험에서 비롯된 자동 반사적 시선으로 보고 있는지 아니면 새로운 시선으로 보고 있는지 자문하게 해주는 것이다. 시선을 한 점에 고정하는 행위는 언제든 편향된 시각을 중립적으로 전환할 수 있는, 새로운 가능성이 열리는 공간을 만들어 준다.

예전에 한 수강생이 드리시티 상태에 도달했을 때 일어난 놀라운 변화에 대하여 얘기한 적이 있다. 그녀는 선 활자세나타라자아사나, naterajasana에서 균형을 잡지 못해 여러 달 고생했고, 고쳐 보려고 노력했지만 어떤 방법도 소용이 없었다고 한다. 동작을 이리저리 바꿔 보며 여러 번 시도했는데도 도무지 달라지지 않아 그 동작은 영영 '나아질' 가능성이 없다고 생각했다고 한다.

어느 날 수업 중에 나는 그녀가 선 활자세에서 어려움을 겪고 있는 것을 목격했다. 서 있는 다리의 발목이 심하게 흔들려서 몇 번이나 균형을 잃었고, 얼굴에는 실망한 기색이 역력했다. 나는 조용히 매트 곁으로 다가가, 발뒤꿈치의 중앙과 엄지발가락에 힘을 주어 단단히 매트를 누르는 데 집중하고 몸의 중심선을 끌어올려 단단히 조여 보라고 제안했다. "한 지점에 시선을 고정하고, 바닥을 단단히 누르세요. 그리고 몸의 중심을 위로 쭉 끌어올리세요." 옆에서 이렇게 몇 번 반복해서 말해 주었다.

그러자 그녀의 몸 전체에 균형이 잡히더니 안정적인 선 활자세가 완성되었다. 그녀의 표정이 밝아졌다. 자연스럽고 아름다운 자세에서 환한 미소가 터져 나왔다. 그녀에게는 깨달음의 순간이었을 것이다. 대안은 언제나 그 자리에 있었지만 그녀에게 보이지 않았을 뿐이다. 내 제안에 따라 시선을 두는 방식을 바꾸자 그때까지 불가능했던 자세가 가능해진 것이다.

그날 수업이 끝나고 그 여성이 나에게 와서 말했다. "시선을 두는 방식을 바꾸니 바닥을 누르고 있던 발바닥뿐 아니라 몸의 중심까지 바로잡혔어요. 정말 신기해요. 그동안 드리시티에 대해 선생님이 하신 말씀이 무슨 뜻인지 몰랐는데, 이젠 확실히 알겠어요!"

요가에서든 인생에서든 누구나 비슷한 경험을 해보았을 것이다. 일이 잘 풀리지 않아 고전할 때, 스승이나 타인이 뭔가 통찰을 던져 주면 그로부터 새로운 시선이 생겨나 문제 해결의 돌파구를 찾게 되는 경험 말이다. 우리는 일의 결과에 영향을 미치는 것이 우리의 행동이라고 생각한다. 물론 틀린 말은 아니다. 행동은 분명히 결과에 영향을 미친다. 그러나 행동은 전적으로 우리가 가진 '시각'에 따라 좌우된다. 행동보다 관점이 중요하다는 얘기다.

드리시티는 요가 자세 안에서만이 아니라 매트 밖의 삶에서 겪는 상황에도 적용된다. 드리시티는 어떤 태도로 상황을 대하는가에 관한 것이다. 옳지 않은 드리시티를 가지고 있다면 자신의 한계와 불가능만 보게 되어 한 다리로 서는 활자세를 하던 여성처럼 버둥대기만 할지도 모른다. 우리가 상황을 어떻게 보느냐에 따라서 가능성을 창출할 수도 있고 한계에만 부닥칠 수도 있다. '할 수 있다'는 희망의 마음은 가능성으로 이어지며, 이것은 차분하게 상황을 바라보는 중립적인 시각에서 온다.

드리시티를 통해 상황을 보는 관점을 바꾸자. 관점을 바꿈으로써 생각과 행동이 변화하고, 그로 인하여 결과가 달라질 것이다.

우리는 평화롭고, 성스럽고, 영적인 지점에 이르려면 내면으로 들어가야 한다고 생각한다. 하지만 사실은 정반대다. 내면과 연결되기 위해서는 외부에 시선을 고정해야 한다. 이 말에 고개를 갸웃거릴 독자들이 있을지 모르겠다. 하지만 '저 안머릿속'보다는 '이 밖'에서 뭔가 놀라운 것을 발견할 가능성이 더 크다.

세상으로 나가 원하는 일을 하고 싶다면 우선 머릿속에서 빠져나와야 한다. 머릿속에 갇혀 있으면 온갖 생각과 감정, 감각이 혼란스럽게 끓어오르고, 바깥에 있는 의미 있는 연결점들이나 통찰, 영감에 접속할 수 없다. 스스로 만들어 낸 흙탕물 속에 갇히기 때문이다. 자신에 대하여, 그리고 무엇이 가능할지에 대하여 새로운 시각을 얻고 싶다면 내면의 벽을 뛰어넘어 자신의 주변을 '진정으로' 바라보고, 꽃향기를 맡고, 다른 사람들과 진심으로 연결되어야 한다. 그래야 완벽하게 새로운 관점으로 자신을 바라볼 수 있다. '새로운 관점을 찾는 길은 드리시티에 있다.

6

흐름 따라가기

삶은 자연 발생적인 변화의 연속이다. 그러니 저항하지 마라.
저항은 슬픔만을 불러온다. 현실은 현실 그대로 두어라.
모든 것이 나름의 방식대로 자연스럽게 흘러가게 하라.

– 노자

흐름을 타기 위해 아무것도 더 해야 할 일이 없다는
사실을 이해하고 나면 존재의 중심을 뒤흔드는
깨달음의 순간이 온다. 우리의 수련과 삶에 애초부터
결핍은 존재하지 않았다. 오히려 필요 없는 것을
너무 많이 가진 것이 문제다.
요가는 우리에게 그런 것을 모두 내려놓고
순리에 따르라고 말한다.

빈야사vinyasa는 '흐른다'는 뜻이다. 그래서 빈야사 요가에서는 처음부터 끝까지 동작과 호흡이 물 흐르듯 이어진다. 한 번의 멈춤도 없이, 오로지 지금 동작에서 다음 동작으로의 흐름만이 있을 뿐이다. 이런 흐름의 미학, 즉 빈야사를 통해서 우리는 요가의 이론과 지식을 배울 수 있다. 프라트야하라pratyahara, 감각의 에너지를 내면으로 모으기, 야마yama, 세상 속에서 타인과 더불어 사는 방법, 니야마niyama, 개인의 생활 속에서 홀로 하는 수련, 디야나dhyana, 집중을 통해 마음의 활동이 완전히 멈춘 고요의 상태 등 요가의 원칙들에 자신을 맡기면 육체적, 정신적 저항이 스러지고 전체의 흐름 안에 녹아들게 된다. 붓다는 물방울도, 시냇물도, 굽이치는 강물도 모두 바다를 향해 흘러가므로 흐름 안에 있기만 하면 형태는 중요하지 않다고 말했다. 빈야사 요가의 흐름을 따라가면 자신보다 더 큰 무엇,

'내면의 바다'라고 불리는 방향으로 이끌리게 된다.

요가가 무엇이냐고 묻는다면 '한 사람이 지닌 다양한 면이 하나의 흐름으로 합쳐져 새로운 지점으로 흘러가는 것'이라고 할 수 있을 것 같다. 수련의 측면에서 보면 이것은 몸과 마음, 호흡과 영혼의 움직임이 하나로 모여 내면의 바다를 향하는 것이다. 자신의 모든 면을 통합하고 재정렬하여 현재의 좌표를 확인하면 진북정렬 상태에 이르게 되고, 문득 자신보다 더 큰 어떤 흐름 안에 들어와 있음을 경험하게 된다.

요가의 또 다른 의미는 이제까지 도달해 본 적 없는 지점에 도달하는 것이다. 오늘은 할 수 없었던 어떤 일이 있다고 하자. 요가 자세가 마음대로 되지 않았을 수도 있고, 일이나 다른 사람과의 관계가 꽉 막혔을 수도 있다. 그럴 때 요가를 하면 전환점을 가져올 수 있는 길을 발견하게 되고, 목표했던 일이 어느 순간 가능해진다. 가능성의 영역에 있는 것을 현실로 끌어내기 위해 의도와 행동, 에너지를 한곳에 모으는 것도 모두 '요가를 한다'는 의미이다.

손이 발가락에 닿는 방법을 찾는 것이나 호흡과 동작을

일치시키는 방법을 찾는 것, 혹은 목적의식이 깃든 질문과 대화를 통해 자신에 대해 새로운 통찰을 얻는 것 등 새로운 무엇을 창조하기 위한 모든 움직임이 요가다. 열정과 목적의식을 가지고 새로운 영역에 뛰어들었다면 요기의 삶을 살고 있는 것이다.

이 외에 전통적인 요가의 정의는 '상위 존재와의 합일'이다. 그 존재를 어떤 이는 신이라 부르고, 또 다른 이는 우주 또는 전능한 힘이라고 부르기도 한다. 그것을 무엇이라고 부르든 나보다 상위의 존재와 하나가 되도록 돕는 모든 움직임, 말, 생각이 다 요가다.

내가 구구절절 이런 말을 하는 이유는 요가에 대한 이 모든 정의와 다양한 면면의 중심에는 요가가 추구하는 그 경지에 이르는 방법이 있기 때문이다. 그것이 바로 흐름이다. 흐름에 내맡길 때 요가의 경험이 비로소 무르익는다.

•˙

그런데 흐름이란 성취하거나 만들어 내야 하는 대상이 아니다. 흐름을 타려면 비우고 내려놓아야 한다. 누구나 자신의 일부로서 흐름을 타고난다. 우리가 해야 할 일은 단지 그것을 가로막는 장애물을 없애는 것뿐이다. 장애물이 제거되면 우리가 그토록 찾아 헤매던 것이 이미 우리 안에 있음을 깨닫게 된다. 그것은 바로 매트 위에서나 매트 밖에서나 자연스러운 흐름 속에 존재할 수 있는 능력이다. 장애물 때문에 그동안 드러나지 못했을 뿐, 그 능력은 원래부터 우리 안에 있었다.

흐름을 타기 위해 더 해야 할 일이 아무것도 없다는 사실을 이해하고 나면 존재의 중심을 뒤흔드는 깨달음의 순간이 온다. 우리의 수련과 삶에 애초부터 결핍은 존재하지 않았다. 오히려 필요 없는 것을 너무 많이 가진 것이 문제다. 에고도, 소유물도 너무 과하다. 요가는 우리에게 그런 것을 모두 내려놓고 순리에 따르라고 말한다.

한마디로 말하면 흐름에 따른다는 것은 놓아 주고, 내려놓고, 순종하는 것이다. 산에 오른다고 상상해 보자. 높이 올라갈수록 등에 진 배낭의 무게가 느껴질 것이다. 경사가 가팔라질수록 등에 진 짐은 더욱 무거워지고, 산소는 점점 희박해진다. 정상까지 가기 위해서는 결국 중간에 몸에 지닌 것들 가운데 몇 개를 버려야 할지도 모른다. 짐을 줄이고 나면 발걸음이 가볍고 경쾌해지고, 기를 쓰는 대신 즐기면서 산에 오를 수 있게 된다. 어느 순간 자유롭다는 기분이 들고, 정상에 오르기 위해 신체와 정신, 호흡의 조화를 이루는 것이 등반의 핵심으로 자리 잡는다. 모든 에너지를 정상에 오르는 데 도움이 되는 방향으로 쏟아부을 수 있게 되는 것이다.

•

수련에 있어 방향성과 지향점, 정확성, 완전한 내려놓음이 모두 갖춰지면 자신이 흐름 안에 있음을 직관적으로 알 수 있다. 요가 매트가 강 위에 놓인 뗏목이라고 상상해 보자. 물살이 흐르는 대로 몸을 맡기고 저항하지 않으면 강의 큰 흐름이 우리를 데려갈 것이다. 완전한 내려놓음의 상태에서는 머릿속의 시끄러운 지저귐이 모두 사라진다. 습관적인 생각의 쳇바퀴가 멈추면 우리의 존재와 영혼 안에 언제나 있어 왔던 무언가를 인지하게 될 것이다. 아마도 요가 수련을 시작한 이후 처음으로.

아사나 수련에는 스티라sthira와 수카sukha라는 서로 반대되면서도 상호작용하는 두 가지 원칙이 있다. '스티라'는 애씀, 견고함, 안정감, 행동이고, '수카'는 받아들임, 여유, 이완, 내려놓음이다. '흐름'에 주로 작용하는 속성은 수카다. 맞서고 저항하고 애쓸수록 흐름에 장애물이 생긴다.

내려놓음은 빈야사의 핵심이다. 하지만 지난 수십 년간 사람들을 가르쳐 오면서 나는 흐름에 저항하지 않는 사람을 단 한 명도 보지 못했다. 통제하려는 자세를 버리는 것은 고도의 성취를 요구하는 현대사회에서 그다지 환영받지 못하는 성품이다. 더 자신 있게 동작을 구사하는 법이나 체력을 키우는 법, 자신감을 갖는 법에 대해서 도움을 구하는 사람은 많아도 무언가를 포기하거나 내려놓는 방법을 묻는 사람은 거의 찾아볼 수 없다. 하지만 내려놓음을 통해서 우리는 지금까지 경험하지 못한 강력한 힘, 어려움을 헤쳐 나갈 용기와 자신감을 지닐 힘을 발견할 수 있다.

◦•

원하는 대로 일이 풀려 갈 때는 흐름에 맡기는 것이 여유롭고 수월하다. 누구나 한 번쯤은 매트 위에서 몸, 호흡, 에너지가 조화를 이루어 동작이 원하는 대로 잘된 경험이 있을 것이다. 그러나 요가는 완벽하게 불완전한 수련이다. 완벽한 자세가 만들어진 지 단 하루 만에도 정체기가 찾아올 수 있으며, 심지어는 영원히 교착 상태에 빠지기도 한다. 하지만 흐름에 순종하는 사람은 정체기를 만나더라도 좌절하거나 분노하는 등 자동 반사적으로 반응하지 않는다. 비록 물줄기가 가늘어졌더라도 자신이 여전히 강의 흐름 안에 있으며 언젠가 다시 목적지를 향해 움직이게 될 것임을 신뢰한다. 정체기가 짧든 길든, 그것 역시 수련이나 삶의 큰 흐름 중 일부라는 사실을 알고 기다린다.

흐름에 순종하는 사람은 실패하더라도 크게 좌절하지 않고, 성과가 있을 때는 힘과 통찰력을 얻는다. 정체기를 더욱 숙련된 요기가 되는 기회로 활용하는 것이다.

◦•

동작이 강사의 지시를 그대로 따라 하거나 기계적으로 반복하는 행위가 아니라 진정으로 자신을 드러내는 표현이 될 때 흐름이 생긴다. 그러면 동작은 비로소 각자의 것이 된다. 남의 눈에 어떻게 보이든 수련의 당사자에게만큼은 타다아사나요, 바퀴자세요, 사바아사나다. 흐름은 우리 내면의 예술가를 끌어내 매 동작, 동작과 동작 사이에 자신만의 고유한 무언가를 창조하도록 돕는다.

리시빙 포즈에서 할 수 있는 가장 값진 일은 바로 이 내면의 예술가를 알아차려 그의 모습을 보고, 그의 이야기를 듣는 것이다. 때로 그는 '어디에서 더 깊이 들어갈 수 있을까?' '지금 이 순간 네가 할 수 있는 것은 무엇이지?' 하고 물으며 가능성을 탐색한다. 그리고 때로는 무엇이 빠져 있는지 묻는다. '지금 당장 무언가 다르게 해보려면 어떤 방법을 시도할 수 있을까? 드리시티? 자세 교정? 아니면 호흡?' 대개 답은 '호흡'이다. 호흡을 놓치는 것이야말로 흐름을 가로막는 최대의 요인이기 때문이다.

물론 아기자세로 대신 하는 것에는 아무 문제가 없다. 하지만, 어려운 자세를 끊고 완전히 나와 버리기 전에 자세의 흐름 속에서 한 번 더 생각해 보자. 기법을 좀 바꿔 볼까? 자세를 바꿔 다시 시도해 볼까? 무릎을 내려놓아 볼까? 블록을 사용해 볼까? 동작이 어렵게 느껴질 때는 자동 반사적인 목소리에 굴복해 그만두고 싶은 유혹을 느끼기 쉽다. 그대로 멈추고 흐름을 완전히 이탈하고 싶은 충동이 들기도 한다. 두려움이 우리를 지배하면서 그만 포기하라고 속삭이기 때문이다. 하지만 그럴 때라도 완전히 흐름에서 빠져나오는 대신 단 20퍼센트라도 할 수 있는 만큼만 하면서 흐름을 유지할 수 있다. 중요한 점은 수련이 현실, 환상, 두려움 중 무엇에 영향을 받는지 보는 것이다. 물론 우리는 자신의 생리 현상을 살펴야 하고, 자신의 몸을 돌봐야 할 책임이 있다. 하지만 20퍼센트가 그날 우리가 할 수 있는 최선이라면 온 마음을 다해 그만큼만 해도 된다. 여기서 수련은 흐름을 유지함과 동시에 자신의 신체 능력을 존중하는 것이다. 몸을 돌보기 위해 동작을 멈춘다면 그런 사실에 대하여 자기 자신에게 솔직해지는 것이다.

몇 년 전, 내가 멕시코에서 개최한 워크숍에 한 여성이 참가했다. 3일째 되던 날, 저녁 식사 장소에서 나가던 그녀는 발을 헛디뎌 발목을 접질리고 말았다. 7일간의 강도 높은 훈련과 레슨을 받기 위해 멀리 멕시코까지 왔는데 3일 만에 계획이 어그러져 버리다니! 처음에 그녀는 매우 속상하고 화가 난 듯했다. 어쨌든, 우리가 얼음찜질을 해주고 발목에 붕대를 감아 주고 나자 수련은 하지 못하더라도 워크숍 마지막 날까지 남아 있겠다고 했다.

다음 4일간 워크숍 진행 요원들은 그녀가 누워서 수련 과정을 지켜볼 수 있도록 담요로 발목을 받쳐 주었다. 그것이 해줄 수 있는 전부였다. 하지만 워크숍이 끝날 무렵, 그녀는 동작은 하지 못했지만 수련이 지닌 더 큰 그림과 의미를 느꼈고, 덕분에 훨씬 많은 것을 배웠노라고 말했다. 완전히 새로운 요가의 차원에 들어가 자신에 대해 배웠으며, 그것은 신체적 수련을 뛰어넘는 배움이었다고 했다.

이 여성은 자신 앞에 닥친 '정체기'를 받아들임으로써 그것이 단지 육체에 국한된 것임을 알게 되었다. 정체기를 만났다고 해서 배우거나 깨닫는 능력까지 상실한 것은 아니었으며, 전과 달리 인내심을 갖고 수련 과정을 지켜볼 수 있었다. 또한 자기 몸에 머무는 것이 그토록 편안하게 느껴진 적이 없었다고 했다. 늘 자신이 몸의 노예인 것만 같았는데, 태어나서 처음으로 자신의 몸 안에 머무는 것이 집처럼 편안했다고도 했다. 무엇인가를 더 많이, 더 열심히 할 때가 아닌, 완전히 내려놓고 자신에게 주어진 삶과 에너지의 흐름에 전적으로 순종했을 때 변화가 일어났다는 사실에 매우 신기해했다.

모든 상황이 더 큰 그림에 의해 움직이고 있다는 것을 알면 어떤 상황도 있는 그대로 받아들일 수 있게 된다. 큰 그림에 다가서는 한 걸음 한 걸음을 기쁘게 여기게 되고, 내면의 바다에 더 가까워질 것이기 때문이다.

내면의 진실, 즉 더 큰 목적에 충실히 살아가면 매 순간 자신에게 필요한 것이 무엇인지 자연스럽게 알아차리게 된다. 주어진 상황 안에서 주도권과 책임감을 가지고 할 수 있는 만큼만 하자. 그것이 매 순간 우리가 요가와 삶에서 추구하는 균형이다.

물방울이어도, 시냇물이어도, 굽이치는 강이어도 좋다. 흐름 안에 있다면 형태는 중요하지 않다.

7
지금, 여기에 존재하기

있는 그대로의 자신을 인정하라. 그래야 달라질 수 있다.

- 키르케고르

매트 위에서 하는 요가는 지금 이 순간에

온전한 마음으로 존재하기를 수련할 수 있는

아주 적절한 기회다. 그렇게 완전하게 존재하는 순간

우리는 자연스럽게 펼쳐지는 몸의 움직임은 물론

자신만의 가능성에 눈뜨게 된다.

우리는 효율성, 편리함, 빠른 결과의 중요성을 가르치는 세상에 살고 있다. 이런 세상은 현재 자신의 위치에 편안히 머물도록 독려하거나 가르치지 않는다. 오히려 미친 듯이 바쁘게 움직이거나 한 번에 여러 가지 일을 하도록 재촉하고, 그러지 않으면 게으르고 야망 없는 사람으로 취급한다. 사회 전체가 늘 어딘가에 도달하기 위해 숨 가쁘게 움직인다. 하지만 역설적이게도 자신이 무엇을 위해 그렇게 바쁘게 움직이는지 아는 사람은 매우 드물다. '그곳'이 정확히 어디인지도 모른 채, 그저 더 빨리, 더 열심히 '그곳'에 도달하는 일에만 혈안이 되어 있다. 이러한 사고방식은 당연히 매트 위까지 이어진다.

나는 수업 중에 가끔씩 돌아다니면서, 굉장히 애를 쓰는 듯 보이는 사람들에게 다가가곤 한다. 그리고 작은 목소리로 말을 건넨다. "생각해 보세요. 지금 이 동작에서 무엇을 성취하려고 애쓰고 계신 거예요?" 돌아오는 대답은 대체로 비슷하다. "뭘 어떻게 하고 싶은 건지는 모르겠지만, 최선을 다하고 있어요." 이해할 수 있는 이야기다. 어떤 면에서는 우리 모두 그러하니까. 마치 요가 자세에서처럼, 삶에서도 목적지가 어디인지 모른 채 우리는 평생 어딘가로 가고 있다. 설령 목적지를 알고 있다 해도 큰 그림 안에서의 정확한 방향성은 모를 때가 대부분이다.

많은 이들이 늘 지금 있는 곳이 아닌 다른 곳으로 눈을 돌린다. 지금 여기에 머문다는 것은 대부분의 사람에게 매우 두려운 일이다. 여러분은 지금 여기에 머물면서 안심할 수 있는가? '내가 있는 지금 여기'에서 아무것도 하지 않고 아무것도 고치지 않을 수 있는가? 매트 위에서 하는 요가는 '지금 이 순간에 온전한 마음으로 존재하기'를 수련할 수 있는 아주 적절한 기회다. 그렇게 완전하게 존재하는 순간, 우리는 자연스럽게 펼쳐지는 몸의 움직임은 물론 자신만의 가능성에 눈뜨게 된다.

아마 지금쯤 여러분의 마음속에서 여러 생각이 올라올지

도 모른다. '어딘가로 가고 싶은 게 당연하지! 지금 있는 자리에 꼼짝없이 붙들려 있기는 싫은걸. 더 노력해서 수련의 새로운 단계로 올라서고 싶어!' 여러분도 나도, 다른 모든 사람도 열심히 노력해서 결과를 내야 한다는 생각에 길들어 있다. 심지어 우리 요가센터에서조차 '어떤 일이 일어나기를 바라지만 말고 그 일이 일어나도록 노력하라'는 표어를 내세우고 있다.

그러나 일 중독에 빠진 현대사회에서 우리는 균형추를 잃고 말았다. 자신의 모습 그대로 지금 있는 곳에 머물 수 있는 능력을 잃어버린 것이다. 그 능력을 한 단어로 표현하면 '편안해지기'다. 우리는 있는 그대로의 상태를 편안하게 느끼는 법을 배우지 못했다. 노력을 하지 말라거나 내내 아기자세만 하라는 얘기가 아니다. 어떤 상황에 놓여 있든지 있는 그대로의 자신을 받아들이고 그 모습 그대로 잠시 쉬어 갈 수 있는 마음의 공간을 만들라는 것이다. 그리고 그 공간에서 무엇이 떠오르는지 편안한 마음으로 바라보라는 것이다. 요가 수련도 그렇지만 인생에서도 마찬가지다. 자신을 있는 그대로 받아들일 수 있어야만 발전도 가능하다.

자세가 만족스럽지 못하면 우리는 그 상태에 저항한다. 자세가 나아지지 않았다며 좌절하고, 심지어 부정적인 생각에 사로잡혀 수련을 그만두기도 한다. '이건 아니야. 내가 바라는 대로 되지 않고 있어.'라는 마음 상태에서 움직이고 호흡하면 감정적인 저항에 부딪혀 도저히 나아질 수 없다는 좌절 상태에 갇힐 수 있다. 그런 저항이야말로 우리를 꼼짝 못 하게 만드는 원인이다. 현재의 상황에 저항할수록 같은 결과만 되풀이된다.

반대로 현재 상태를 명료하게 인식하고 받아들이는 것은 자기 발전의 토대가 된다. 이런 태도는 현대사회에서 배우기 어렵다. 따라서 자신의 마음 상태를 명확하게 인식하고 인정하는 것은 가히 혁명적인 일이라 해도 과언이 아니다. 명확한 인식은 요가 수련의 중심점이 되어 너무 애쓰지도 그렇다고 지나치게 안주하지도 않도록 이끌어 줄 것이다. 다시 말해, 명확한 인식이야말로 올곧은 균형 감각의 발원지이다.

예컨대 전사자세 3을 취한다고 해보자. 자세가 갖춰지고 정신이 또렷해지면 짧은 순간 동안 '지금 여기'를 경험하게 된다. 그때가 바로 리시빙 포즈, 즉 받아들이는 순간이다. 수련을 통해 우리가 이르고자 하는 온전한 현존의 상태를 맛보는 특별한 순간인 동시에, 대부분의 사람이 머릿속의 소음에 붙들려 주도권을 놓치는 순간이기도 하다.

다리는 덜덜 떨리고, 수평을 유지하려는 노력만으로도 불편함이 밀려온다. 그러나 우리를 괴롭히는 것은 육체적인 불편함이 아니다. '이건 아니야… 제대로 하지 못하고 있어… 될 대로 되라지… 그만할래…' 머릿속에서 익숙한 습관의 목소리가 들려오기 시작한다. 그러면 몸이 경험하는 본래의 느낌에 귀 기울이는 대신 머릿속의 저항에 휘말리기 시작한다.

이때가 바로 자세 안에서 어떤 사람이 될지를 의식적으로 결정할 수 있는 시점이다. 자기 자신과 수련에 관하여 이미 만들어진 고정관념대로 생각하기를 선택할 수도 있다. 온갖 핑계를 동원해 더 깊게 들어가지 못하거나 더 오래 머물 수 없는 이유를 정당화하면서 말이다. 한술 더 떠서 계속

불평을 늘어놓으며 불평을 정당화할 수도 있다. 그런 태도가 꼭 나쁘거나 잘못된 것은 아니다. 그런 것도 우리가 선택할 수 있는 여러 길 중 하나다. 하지만 그렇게 하면 시간이 지남에 따라 '나는 원래 전사자세 3을 이 정도밖에 못 해.'라는 생각이 굳어져 막다른 골목에 들어서기 쉽다.

그런가 하면 자신의 고정관념을 그대로 인정하고 그 고정관념이 무엇을 끌어내는지 아무 기대 없이 관찰할 수도 있다. 다시 말해, 그 자세 안에서 일어나는 모든 경험, 몸과 마음, 생각까지 하나도 빠뜨리지 않고 그대로 관찰하는 것이다. 이러한 깊은 성찰은 머릿속에서 일어나는 어지러운 생각 대신 자세에 머물러 있는 동안 실제로 일어나는 경험에 눈뜨게 해준다. 그러면 고정관념에서 차차 해방되어 지금 이 순간에 최선의 노력을 기울일 수 있게 되는 것이다. 이런 힘은 우리의 의식이 직접 창조해 내는 기술이다.

'이렇게 하면 안 돼.', '이것보다는 잘 해야 해.'라는 태도로 동작을 취한다면 에너지의 자연스러운 흐름을 방해해 새로운 가능성을 차단하게 된다. 우리가 할 수 없는, 혹은 하지 않는, 하기 싫은 이유를 정당화하는 목소리에 무게 중심을 두면 새로운 것을 만들어 낼 속도나 자유, 힘, 그 무엇도 생겨나지 않는다.

반면 동작이 만들어 내는 느낌에 충실하면 저항에 직면한 상황에서도 움직일 수 있게 된다. '지금 그대로의 모습은 충분치 않다'는 생각이나 저항을 인지하려면 먼저 자신에게 너그러워야 한다. 되는 것과 되지 않는 것을 전적으로 수용해 보자. 그러면 묵직한 저항의 에너지가 스르르 녹아내리는 것을 느낄 수 있을 것이다. 저항으로부터 가벼워지고 나면 신체의 각 부분과 의식적으로 연결될 수 있어 요가 수련을 즐겁고 창의적인 자기표현의 수단으로 즐기게 된다. 동작이 잘되고 안 되고는 더 이상 중요하지 않다.

자세를 취하는 동안 어떤 기분이 올라오고 어떤 느낌이 따라오든 그것은 모두 느끼고 경험해야 할 무언가일 뿐이다. 단순하고 간단한 문제다. 저항을 그대로 두면 저항도 우리를 가만히 둘 것이다. 이와 같은 접근 방식은 자신의 존재를 확장해 더욱 놀라운 세계로 들어가게 해준다. 자신의 존재가 확장됨에 따라 수련도 확장될 것이다. 전적인 수용 앞에서 저항은 스러진다. 그리고 지금껏 경험하지 못한 새로운 세계가 열릴 것이다.

자신의 수련 능력에 대해 스스로에게 솔직해지자. 이는 신체적인 능력뿐 아니라 주어진 경험을 주도적으로 능숙하게 마주하는 능력에도 해당되는 말이다. 더 길게, 더 깊이 갈 수 있으면서도 그렇게 하지 않았다면, 그냥 그 사실을 인정하자. 평가하지 말고 그저 '그랬구나' 하고 인지하는 것이다. 자신을 비난하는 행위는 우리를 엉뚱한 곳으로 데려가 버린다. 그저 있는 그대로를 인정하고 받아들이기만 하면 된다. 할 수 없었거나 하지 않은 이유가 스스로 생각하기에 정당하고 옳을지라도, 자신이 그렇게 하지 않았다는 사실을 인정하자. 그러면 계속해서 같은 선택을 할지, 다음에는 다른 선택을 할지 결정할 수 있는 기회가 생긴다.

정확하게 지금 있는 자리에 존재하는 것이 가장 중요하다는 사실을 진정으로 깨달을 때, 비로소 그때까지 갇혀 있던 상자 밖으로 나올 수 있다. 자세는 바뀌지 않을지 몰라도 그 자세에 대한 경험은 완전히 달라질 것이다. 어떤 자세를 취하든 그곳에는 배울 것이 많다. 물론 억지로 자세를 만들려고 애쓸 때는 보이지 않던 것들이다.

현재 상황을 있는 그대로 받아들이는 것은 하기 싫어서 변명하는 것과는 완전히 다르다. 그 차이가 무엇인지는 스스로 느낄 수 있을 것이다. 변명하며 저항할 때, 본인은 그 사실을 잘 알고 있다. 다시 강조하지만 무조건 자기 자신에게 솔직해지자. 판단은 하지 말자. 여러분은 진정으로 지금 여기에 존재하는가, 아니면 흐름에서 벗어나 '노'의 에너지에 빨려 들어가고 있는가? 최고의 배움을 얻고 싶다면 현실을 있는 그대로 바라보고 인정하기만 하면 된다.

지금 있는 곳상태에 대하여 진실을 말하라. 그것이 무엇이든지, 수련이 어느 지점에 와 있든지, 당신의 두려움과 한계가 무엇이든지, 그냥 인정하라. 그것이 새로운 방법, 새로운 길, 새로운 자세, 새로운 수련을 탄생시키는 비결이다.

요가 자세에서 '지금 이 순간'을 수용한다는 것은 어떤 것일까? 진정으로 지금, 여기에 있으면서 호흡과 하나가 되면 모든 것이 있는 그대로 완벽함을 알게 될 것이다. 더도 덜고 아닌 나 자신일 때, 지금 여기에 충실하면서 몸 안팎에서 일어나는 일을 있는 그대로 받아들일 때, 다음 동작 생각에 정신이 팔려 있기보다 지금 이 순간에 존재할 때, 일어나는 현상을 이해하거나 평가하거나 비교하려 하지 않고 있는 그대로 바라볼 때, 나는 모든 것이 완벽하다는 사실을 깨닫곤 한다.

'몸이 머무는 곳'에 현존하는 능력은 자신의 몸을 존중할 줄 아는 자세에서 시작된다. 몸을 존중한다는 것은 우리 몸의 복잡성과 위대함을 받아들이고, 사랑하고, 깊이 이해하며, 몸이 우리 자신을 위해 하는 모든 일에 감사한다는 의미이다. 그것은 또한 몸이 보내는 신호에 기꺼이 귀 기울이고 따른다는 의미이기도 하다.

몸이 느끼는 그때그때의 감정과 감각, 경험과 소통할 수 있게 되면 수련이 매우 편안해진다. 특정한 지점에 도달하려 애쓰지 않고 지금 상태 그대로에 집중하면 자연스럽게 우리 앞에 놓인 에너지와 능력을 활용할 수 있게 된다. 몸과 싸우거나 억지로 어떻게 하려고 할 필요가 없다. 그런 행위는 오히려 긴장을 유발하여 흐름에서 이탈시킬 뿐이다. 실제로 몸은 자신에게 도움이 되는 방향으로 움직이기를 '원한다.' 그러나 그러려면 먼저 지금 여기에 온전히 머물면서, 몸이 필요로 하는 것이 무엇인지 파악해야 한다.

동작을 취하고 있을 때 나는 끊임없이 몸과 대화한다. 의식적으로 몸과 대화하면 신기한 일들이 벌어진다. 요가 자세를 취할 때 몸을 지배하려 하지 말고 그저 몸의 소리에 귀 기울여 보자. 몸이 보내는 메시지를 알아듣고 나면 불균형이나 오래된 습관, 억눌린 감정, 막힌 에너지 등은 자연스럽게 사라질 것이다.

안타깝게도 많은 사람이 몸의 소리를 잘 듣지 못한다. 까다로운 동작을 만났을 때 몸은 '그만! 더는 밀어붙이지 마.'라고 말하는데, 습관적인 목소리는 '멈추지 마. 더 강하게 밀어붙여야 해!'라고 한다면 둘 중 어느 쪽이 주목받게 될까? 매트 위에서나 삶에서나 우리는 몸의 소리를 듣지 않는다. 너무나 자주, 머릿속의 목소리가 몸의 소리를 무시하고 독재자 노릇을 한다. 대다수가 경험했을 법한 좋은 예를 하나 들어 보겠다. 음식을 먹고 있을 때, 몸은 '이제 배불러. 그만 먹어도 될 것 같아.'라는 메시지를 보내는데 머리는 '조금만 더 먹을까?'라고 한 적이 있지 않은가? 몸이 건네는 메시지를 듣지 않으면 몸의 균형이 무너진다. 몸과의 대화는 의식적인 교감으로서 매 순간 일어난다.

있는 그대로의 자기 모습에 편안함을 느끼고 현재의 동작 안에 온전히 머물러 보면 그것이 자신에 관한 깊은 통찰을 가져다준다는 사실에 놀랄 것이다. 자신이 있는 곳에 편안하게 현존하는 행위에는 커다란 변화의 힘이 들어 있어서 우리가 매트 위에서 기울이는 노력의 질을 완전히 바꾸어 놓는다. 어떤 동작을 하든, 중심으로부터 뻗어 나오는 평정심을 느낄 것이다. 수련은 반사적인 반응이 아닌 창조적인 행위가 될 것이다. 아름답고 우아한 자세를 노련하게 해내면서도 스트레스는 덜 받을 것이다. 피로감, 긴장감, 어색함이 느껴지는 순간들도 줄어들 것이다. 몸의 중심과 더 단단히 연결되었기 때문이다.

이런 식으로 30분, 1시간, 1시간 30분씩 수련할 수 있다면 힘든 동작을 하는 중에도 몸과 마음이 편안하고 가슴이 활짝 열리는 것을 느낄 수 있을 것이다. 지금 있는 곳에 온전히 머물면서 그 경험 속으로 녹아들면, 수련 후에 몸을 풀어주지 않아도 될 뿐 아니라 수련 중에 몸과 마음, 에너지, 정서 지능 등이 회복되는 것을 알 수 있다. 온갖 조바심이 줄어들고, 불필요하게 애쓰지 않으며, 명료함과 정확함, 흐름이 생겨나 더 이상 안절부절못하는 일도 없을 것이다. 그저 매 순간 명확하고 틀림없게, 똑바로, 분명한 의도를 가지고 몸이 필요로 하는 대로 움직여 주기만 하면 된다. 이렇게 알뜰하게 쓴 에너지 덕에 우리는 변화를 맞게 되면서 자신만의 독특함이 묻어나는 수련의 세계에 눈을 뜰 것이다.

자신의 현 상태에 만족하는 방법은 아주 간단하다. 귀를 기울이고, 신뢰하고, 편안하게 해주기만 하면 몸에 심오한 지혜가 들어 있음을 알 수 있다. 어떤 자세를 취하든, 몸은 스스로에게 무엇이 필요한지 알고 있으며, 그것을 당신에게 말해 줄 것임을 믿자. 팔다리가 좀 더 코어와 연결되어야 할 것 같으면 몸은 관련 근육을 몸 중심부 쪽으로 끌어당기기 시작할 것이다. 또한 산소가 필요하다고 판단될 경우, 몸의 움직임에 맞추어 더욱 깊게 심호흡을 할 것이다. 우리가 개입을 줄일수록 몸의 지혜가 우리를 움직여 줄 것이다. 그렇게 하면 자세가 우아하고 아름다워지며, 내면의 빛이 자세를 타고 밖으로 뿜어져 나온다.

반면 '괜찮지 않은 상태'에 직접 개입하려고 하면, 자연스러운 몸의 움직임에 대한 신뢰를 던져 버리고 자세를 '올바르게' 고치려 애쓰게 된다. 수련 중 언제, 어떻게, '지금 이대로의 상태'에 저항하느라 불필요한 에너지를 쏟고 활력을 잃게 되는지 잘 살펴보자. 그때는 편안함도 사라진다.

현재 상태에 머물도록 자신을 허용하면 지금 이 순간이 더 밀어붙여야 할 때인지, 내버려 두어야 할 때인지 알 수 있는 섬세함이 길러진다. 물살을 거슬러 상류로 올라가야 할 때가 있는가 하면 그저 흐름에 몸을 내맡기고 하류로 떠내려가야 할 때도 있다. 자신의 현재 상태에 온전히 머무는 행위는 몸에 내재한 지혜를 수면 위로 끌어올려 우리가 그것과 연결되도록, 그리하여 몸을 '고정된 물체'가 아닌 역동적으로 살아 움직이는 하나의 과정으로 보게끔 도와준다.

이제까지 가보지 못한 영역에 도달하고 싶다면 우선 지금 있는 그 자리에 온전히 존재해야 한다. 그러므로 싫어하는 자세나 불편함을 일으키는 자세를 할 때는 '바라는 모습'의 자세를 만들려고 애쓰지 말고 지금 할 수 있는 만큼만 하자. 그 경험과 자신이 아주 깊이 연결되어 몸의 지혜가 우리를 이끌어 줄 때까지 온 마음을 다해 할 수 있는 만큼에 집중하자.

현재에 머무는 힘이 어떻게 한순간에 총체적인 요가 경험으로 변신하는지 그 놀라움을 느껴 보자. 있는 그대로의 모습에서 편안함을 느끼면 하고 있는 동작과 혼연일체가 된다. 요가는 '경험'이다. 살아 숨 쉬며 움직이는 경험! 동작을 지배하거나 간섭하려 들지 않으면 자세는 자연스럽게 요가가 되고, 명상이 된다.

명상은 하되, 명상가는 되지 말자. 명상가는 경험을 조종하고 각종 기법을 적용하는 데 정신을 쏟는 나머지 정작 지금 이 순간에 온전히 존재하는 경험은 놓쳐 버리는 경우가 많다. 자신을 발견하기 위해 자신을 잃어버리자.

자신의 몸과 하나가 될 수 있어야 우리를 둘러싸고 있는 대자연과의 소통도 가능해진다. 자신이 현재 상태에 온전히 머물도록 내맡기면 몸속 깊은 곳까지 연결될 것이다. 그때부터는 무엇이든 가능해질 것이다.

8
다시 시작하기

과거의 노예가 되지 마라… 장엄한 바닷속으로 뛰어들어라.

깊이 잠수하고, 먼 곳까지 헤엄쳐 가라. 그러면 새로운 자존감,

새로운 힘, 차원 높은 경험과 함께 돌아오게 될 터이니.

– 랠프 월도 에머슨

샛길로 빠지거나, 길을 잃거나, 정렬이 흐트러졌다는

것을 발견하는 일은 고통스러운 경험일 수 있지만,

동시에 멋진 일이기도 하다.

그 안에는 방향을 재설정하고 새롭게

다시 시작할 수 있는 기회가 숨어 있기 때문이다.

'신체 능력'은 눈에 보이고 측정도 가능하다. 우리 몸은 어떤 동작도 해낼 수 있다. 단지 우리 스스로 몸이 성취할 수 있는 범위를 한정해 버릴 때, 능력이 사라지고 문제가 발생하는 것이다.

'나는 힘이 부족해서 그렇게까지 못해. 다치고 말 거야.'
'내 몸은 너무 뻣뻣해.'
'이 수업은 내게 너무 어려워.'
'좀 설렁설렁해도 돼. 힘든 하루를 보냈잖아.'

위의 생각들은 모두 우리가 무의식적으로 행동할 때 나오는 전형적인 자동 반사적 반응이다. 동작이 주는 경험에 완전히 몰입하는 대신 동작에 대해 이러쿵저러쿵 말을 하기 시작하는 것이다. 수련과 수련에서 얻는 경험을 바꾸고 싶다면 이러한 무의식적 상태에서 빨리 빠져나와야 한다. 정신을 차리고, 자신이 '머릿속'에 들어 있음을 인식한 뒤 '머리 밖'으로 돌아와야 한다. '머리 밖'이란 지금 이 순간을 의미한다. 바로 여기, 바로 지금, 매트 위에서 자신의 몸에 일어나고 있는 일에 대한 거짓 없고 치우침 없는 진실을 의미한다.

한번은 일주일간의 지도자 과정 수업에 참가한 수련생이 첫날부터 두통을 호소했다. 단순한 두통이 아니었다. 이미 한 달 전부터 지속되어 온 상태라고 했다. 둘째 날에도 똑같은 두통이 일어났다. 삼 일째 되던 날, 수업 시간에 '머릿속'과 '머리 밖'의 차이를 다루었는데, 이때 그녀는 내 말에 집중하기 위해 의식적으로 노력을 기울였다. 전사자세를 할 때 앞쪽에 놓인 다리에 생기는 피로에 주의를 쏟거나, '언제쯤 이 자세가 끝날까?' 하는 내면의 재잘거림과 옥신각신하는 대신, '이 밖'에 있는 한 지점에 시선을 단단히 고정하고 자신의 호흡과 내 목소리에 집중한 것이다. 이 모든 행위는 그녀를 자신의 움직임과 손, 발, 몸의 중심 및 물리적, 에너지적 흐름에 연결해 주었다. 그리고 어느 순간엔가 두통이 사라졌음을 알았다.

그녀의 두통을 없앤 것은 내 목소리도, 수업 내용도 아니다. 나에게는 그런 요술을 부릴 재주가 없다. 두통을 없앤 것은 그녀 자신의 의식에 일어난 변화였다. 얼마 뒤 그녀는 두통이 재발했다는 것을 알았다. 동시에 자신이 딴생각에 빠져 있었다는 점 역시 알아차렸다. 그다음부터는 두통이 찾아올 때마다 그것을 하나의 신호로 삼아, 주의를 다시 '이 밖'으로 돌리고, 시선을 다시 고정하고, 심호흡을 하고, 발을 바닥에 단단히 붙이고, 측정 가능하고 관찰 가능한 물리적 환경에서의 자신의 위치를 확인하고, 지금 이 순간으로 돌아오게 되었다. 한마디로, 진북정렬 상태로 돌아오는 것이다.

무의식에 빠졌다가 상황을 알아차리는 것을 주기적으로 반복하는 것은 '다시 시작하기' 연습이다. 우리는 언제나 그 과정에 있다. 자신이 딴생각에 빠져 있음을 알아차리는 순간, 오감에 연결되고, 눈과 귀를 열며, 바닥에 디딘 발을 느끼고, '바깥'에 있는 물리적인 세상으로 돌아와 다시 시작한다. '지금 여기'로 돌아와 처음부터 다시 시작하는 것이다.

그래도 또다시 딴생각에 빠지게 될까? 물론이다. 머릿속의 생각에 빨려 들어갈 때마다 물리적인 공간에서 '지금 내 발이 여기에 있구나. 내가 있는 곳에서 이것이 보이고 저것이 들리는구나.' 하고 자신의 위치를 확인한 다음 다시 시작하자. 수시로 그래야 할 수도 있다. 그래도 괜찮다. '있어야 할 곳' 같은 것은 없다. 지금 있어야 할 유일한 곳은 바로 여기, 자신의 몸이 있는 곳이다.

우리는 지금, 전에는 써보지 않았던 근육을 단련하는 중이다. 수련을 반복할수록 다시 시작해야 하는 빈도가 줄어들 것이라는 믿음을 지니자. 비록 처음에는 매초마다 다시 시작해야 할지라도, 차츰차츰 버틸 수 있는 시간이 길어질 것이다.

동작에 실패했다면 몸의 진북정렬을 바로 세우고, 호흡을 하고, 다시 시작하자. 이야기를 만들어 내지도 말고, 큰 일이 일어난 것처럼 굴지도 말고, 당황하거나 호들갑을 떨지도 말자. 공자는 "인생에서 가장 큰 영광은 넘어지지 않는 데 있는 것이 아니라 넘어질 때마다 다시 일어나는 데 있다."라고 말했다. '다시 시작하기'는 우리가 가야 할 진정한 목적에서 멀어질 때마다 우아하게 일어나 방향을 재설정하는 연습이다.

수련 도중 정신이 딴 데 가 있는 채로 동작만 하고 있는 자신의 모습을 발견한다면, 좋은 일이다. 깨어났다는 의미이다. 시선을 고정하고 다시 시작하면 된다. 이미 지나간, 놓쳐 버린 것을 걱정하지 말고 지금 이 순간에 하고 있는 동작에 정신을 집중하자. 집중력이 흐트러지고 수련을 게을리하는 자신을 발견했는가? 괜찮다. 구름 낀 무의식을 뚫고 명료함에 도달했으니 이제 분명한 의도를 가지고 다시 시작하기만 하면 된다.

샛길로 빠지거나, 길을 잃거나, 정렬이 흐트러졌다는 것을 발견하는 일은 고통스러운 경험일 수 있지만, 동시에 멋진 일이기도 하다. 그 안에는 방향을 재설정하고 새롭게 다시 시작할 수 있는 기회가 숨어 있기 때문이다.

•

'다시 시작하기'를 되새기며 마음의 산만함을 진정시키

고 수련의 진중한 목표로 돌아올 수 있으면 우리는 아사나 수련은 물론이고 명상 수련에도 큰 변화를 가져올 수 있다. '다시 시작하기' 혹은 '온전히 존재하기'에 대해서는 하고 싶은 이야기가 무궁무진하지만, 결국 핵심 목표는 주도권을 쥐고 장애물을 제거해 나갈 수 있는 사람이 되는 것, 리셋 버튼을 눌러 매 순간 새로 시작할 수 있는 사람이 되는 것이다.

뱁티스트 요가에는 세 가지 신조가 있다. 이 세 가지 신조는 수련에 적용할 수 있는 실천 지침이자 흐트러진 중심을 바로 세워 다시 시작할 수 있게 도와주는 도구이다. 이 신조들은 또한 산만해진 정신을 가다듬을 수 있게 도와주고, 동작을 하는 동안 생각이 샛길로 빠지는 것을 막아 주어 수련에 집중할 수 있게 해준다.

첫 번째 신조는 '예스라고 말하는 사람 되기'이다. 정신이 엉뚱한 곳으로 흘러가 생각의 수다 속에 빨려 들어갔음을 알아차린다면, 그 순간 주저 없이 예스의 에너지를 다시 불러오자.

- 매 순간, 한계를 갱신하는 일에 '예스'라고 말하는 사람이 되자.
- 성공에 '예스'라고 말하는 사람이 되자.
- 마음을 여는 일에 주저 없이 '예스'라고 말하는 사람이 되자.
- 지금 그러한 것과 그러하지 않은 것을 완전히 수용하는 일에 '예스'라고 말하는 사람이 되자.
- 저항을 포기하는 일에 '예스'라고 말하는 사람이 되자.
- 머릿속 생각에서 즉각 벗어나 몸의 감각에 연결되는 일에 '예스'라고 말하는 사람이 되자.
- '이 밖'의 한 점에 시선을 고정하는 일에 '예스'라고 말하는 사람이 되자.
- 깨끗한 숨으로 온몸을 정화하는 일에 '예스'라고 말하는 사람이 되자.
- 손, 발, 복부에 주의를 기울이고, 근육의 에너지를 활성화하는 일에 '예스'라고 말하는 사람이 되자.
- 편안함과 흐름에 '예스'라고 말하는 사람이 되자.

정신이 흐트러질 때나 습관적인 저항에 따라가고 싶을 때 즉시 '예스라고 말하는 사람 되기'를 떠올리며 다시 시작하자. 삶과 수련이 실제로 펼쳐지고 있는 '이 밖'으로 돌아오자.

두 번째 신조는 '○○해야 한다는 생각 버리기'이다. 자신의 신체 능력에 대해 멋대로 '진실'이라고 규정해 놓은 이야기를 버리고, 몸 안에서 몸과 함께 숨 쉬며 몸이 느끼는 대로 느끼자. 성취하는 데 너무 집착하지 말자. 몸 안에서 일어나고 있는 모든 현상에 대하여 '이렇게 되면 안 되는데…'라는 생각을 버리자. 동작을 취하는 중에 마주치는 뜻밖의 현상들은 흐름을 방해하는 요소가 아니라 흐름의 일부다. 예상치 못한 움직임이나 반응 때문에 집중이 흐트러지거나 주의가 그쪽으로 쏠린다면, 그런 상태를 버리고 다시 시작하자.

마지막 신조는 '나는 지금 준비됐다'이다. 여러분은 지금 마음을 활짝 열 준비가 되어 있다. 필요한 만큼 몇 번이고 다시 시작할 수 있도록 따뜻한 마음으로 스스로를 허용하자. 그러면 세상도, 동작도 훨씬 우호적으로 느껴질 것이다.

'나는 매 순간 나타나는 모든 것을 통해 깨어날 준비가 되어 있다'는 자세로 임하자. '나는 매 순간 집중을 흩트리는 모든 요소를 명상으로의 초대장으로 여길 준비가 되어 있다'는 자세로 임하자. 무엇인가가 드리시티와 흐름을 방해해 집중 상태를 깨뜨린다 해도 그대로 내버려 두고 다시 시작하자. '나는 아무런 이야기도 꾸며 내지 않고 내 몸에 있는 그대로 연결될 준비가 되어 있다'는 마음으로 수련에 임하자. 부정적인 생각이 끼어들 때는 재빨리 버리고 다시 시작하자.

계속해서 진북정렬 상태로 돌아오는 연습을 하다 보면 자신의 깊은 곳을 들여다볼 수 있게 되고, 전에는 알지 못했던 모습을 발견하게 된다. 단순히 생각하고 느끼는 것을 넘어 자신을 진정으로 깊이 알게 되는 것이다.

◦•

스승이 받을 수 있는 가장 큰 선물은 자신의 가르침이 제자들의 머리와 마음, 몸에서 체화되는 모습을 보는 것이다. 나는 지도자 과정에서 만난 브래드라는 수련생으로부터 그런 선물을 받았다. 그의 이야기는 '다시 시작하기'의 잠재력과 가능성을 잘 보여 준다.

일주일 과정의 셋째 날, 나는 선 활자세를 가르치고 있었다. 2백 명에 이르는 수련생이 우아하게 한 다리로 균형을 잡는 자세를 하고 있을 때, 우왕좌왕하는 몇몇 수강생이 눈에 들어왔다. 에너지가 막힌 듯 흔들리고 넘어지는 그들의 얼굴에는 실망과 좌절의 빛이 가득했다. 나는 수업을 중단하고 수련생들을 모두 자리에 앉혔다. 다음 10분 동안 우리는 뱁티스트 요가의 세 가지 신조인 '예스라고 말하는 사람 되기', 'ㅇㅇ해야 한다는 생각 버리기', '나는 지금 준비됐다'에 대한 이야기를 주고받았다. 나는 수련생들에게 이 세 가지가 그들의 '요가 도구 상자' 속에 들어 있음을 다시 한 번 상기시켰다.

수강생들에게 나누고 싶은 의견이 있는지 묻자, 브래드가 손을 들었다. "방금 저는 엄청난 좌절감을 느끼고 있었습니다. 선 활자세를 할 때마다 균형을 잃고 들어 올린 다리가 내려와서요. 저는 근력도 좋고 유연성도 좋아요. 분명히 할 수 있는 자세라는 걸 아는데, 이상하게 주의가 흐트러지고 균형이 안 잡힙니다. 다리가 자꾸 내려오니까 집중도 안 되고요. 이런 경험 때문에 좌절감이 들고, 결국엔 '완벽하게 하지 못할 거면 아예 하고 싶지 않다'고 생각하게 돼버렸습니다."

나는 브래드에게, 그리고 수련생 전체에게 원치 않는 태도나 느낌, 기운 빠지게 하는 머릿속의 속삭임에 뱁티스트 요가의 세 가지 신조를 정면으로 들이밀 수 있다는 점을 상기시켰다. 이 세 가지 신조는 우리가 좌절감에서 빠져나와 다시 흐름을 탈 수 있는 행동, 즉 '다시 시작하기'를 할 수 있게 해준다.

나는 브래드와 수련생들에게 '다시 시작하기'를 가이드로 삼아 선 활자세를 시도해 보라고 했다. 수강생들의 자세가 눈에 띄게 편안해졌음을 확인할 수 있었다. 하지만 당연한 결과였기 때문에 별로 놀랍지 않았다.

선 활자세가 끝난 뒤, 나는 다시 수업을 멈추고 수강생들의 이야기를 들어 보았다. 브래드가 자리에서 벌떡 일어나 자신의 두 번째 경험을 나누고 싶어 했다. "조금 전 선생님이 하신 말씀을 한 마디 한 마디 새겨들었습니다. 그러고 나니 몸에 더 가까워졌고, 완전한 명료함도 경험했어요. 아주 큰 공간이 있는 것처럼 느껴졌는데요…, 마치 생각의 틈 사이에 제가 평화롭게 매달려 있는 듯한 기분이었습니다. 정말 놀라운 순간이었어요. 그 공간 안에서 저는 한 점의 부족함도 없이 제 몸과 깊이 연결됐습니다. 마치 일체형 근육 옷을 입은 것처럼 상체가 코어에 단단히 묶여 있는 느낌이었어요. 이제까지 살면서 몸과 마음이 연결되어 있다는 것을 이렇게 생생하게 느낀 적은 처음입니다. 그러자 '지금 뭐 하는 거냐? 너 원래 몸을 편안하게 여기는 종류의 인간이 아니잖아.' 같은 생각이 들기 시작했고, 평온한 느낌이 끝나버렸어요. 자세의 정렬도, 좋은 느낌도 전부 날아가 버리고 또다시 자세가 무너지고 말았죠. 그 순간, 저는 숨을 들이마시면서 '다시 시작하자'고 되뇌었어요. 그러자 거의 즉각적으로 다시 진북정렬 상태로 빨려 들어갔습니다. 저는 그 경험에 '예스'라고 말했어요. '난 그런 종류의 사람이 아니야.' 따위의 생각은 흘려 버리고 다시 동작, 수련, 삶이라고 느껴지는 모든 것과 연결됐죠."

이때의 경험 덕분에 브래드는 변화에 대한 중대한 진실

하나를 발견하게 되었다. 때와 장소를 불문하고 수련의 질을, 더 나아가 삶의 질을 완전히 바꿀 수 있으며, 그 방법은 바로 '다시 시작하기'라는 사실을!

9

수련에 충실하기

수련에 충실하라. 그러면 나머지는 모두 따라올 것이다.

- 스리 K. 파타비 조이스

요가 수련에서 '몸'이라는 외적 도구는 내면으로 들어가

우리가 찾고 있는 것에 닿을 수 있게 해주는 문과 같다.

몸을 통한 수련의 목적은 존재의 핵심에 도달할 때까지

수많은 양파 껍질을 하나씩 벗겨 가는 것이다.

많은 사람이 요가 센터를 찾아오는 이유는 자신의 몸과 연결이 끊어졌다고 느끼기 때문이다. 나이가 들어 몸이 예전 같지 않다거나, 몸이 달라졌다거나, 혹은 심각한 건강 문제 때문에 '육체와 분리된 듯한' 느낌이 든다는 것이다. 그 말은 스스로 생각하는 자신과 실제 몸 상태 사이에 차이가 있다는 의미이다.

요가를 처음 해보는 사람들은 대개 신체 능력에 대한 자신의 '인식'과 '실제' 사이에 차이가 있음을 알게 된다. 몸이 뻣뻣한 줄만 알았는데 의외로 매우 유연한 것을 발견하는 사람도 있고, 헬스장에서 키운 근력이 요가에서는 별 소용이 없음을 발견하고 놀라는 사람도 있다. 또 어떤 사람은 몸으로 하는 일에는 소질이 없다고 믿고 있다가 할 수 있는 것이 의외로 많다는 것을 발견하게 되기도 한다.

몸과 얼마나 분리되었느냐와 관계없이, 모든 수련자의 첫 번째 목적은 자신의 몸에 다시 들어가는 것이다. 단순히 자기에게 몸이 있다는 사실아마 오랫동안 이런 생각을 못 해봤을지도 모른다을 기억하는 것, 그리고 때때로 우리가 방치하거나 학대했음에도 불구하고 여전히 몸이 우리에게 꽤 잘해 주고 있다는 사실을 기억하는 것도 이러한 과정의 일부다. 요가 초보자는 위대한 요기가 되는 것보다는 공간에 실재하는 육체적 존재로서의 자신에게 주의를 기울이는 것을 목표로 삼는 것이 바람직하다. 초급자에게는 그것이 '수련'이다.

그런 수련을 하면 신체 능력이나 삶이 달라지기를 소망하는 데서 벗어나 요가가 가져다주는 달콤한 열매를 실제로 맛볼 수 있게 된다. 자기 내면을 들여다보는 수련을 하면, 가치관과 관심사, 바람 등 온전한 자신의 모습이 선명하게 드러난다.

또한 수련은 에너지를 활성화하고 생의 불꽃을 점화하는 도구인 아사나의 질에 영향을 미친다. 표면적으로는 자세나 기법을 배우고 있지만, 수면 아래서는 자신이 타고난 신체의 특성에 대한 배움이 이루어진다. 수련은 머릿속의 이

론과 실재하는 몸, 그리고 에너지를 조화시키는 행위인 것이다.

요가는 여타 자기계발법과 달리, 우리가 찾는 것이 이미 우리 안에 있으며 밖에서는 그것을 얻을 수 없다는 전제에서 시작한다. 궁극적으로 우리 존재의 핵심에 다가가는 여정인 셈이다. 요가 수련에서 '몸'이라는 외적 도구는 내면으로 들어가 우리가 찾고 있는 것에 닿을 수 있게 해주는 문과 같다. 몸을 통한 수련의 목적은 존재의 핵심에 도달할 때까지 수많은 양파 껍질을 하나씩 벗겨 가는 것이다.

이 과정을 나타내는 연꽃의 비유를 들어 보자. 연꽃은 진흙 속에 묻혀서 잘 보이지 않을 뿐 분명히 그 자리에 있다. 새로 만들어 낼 필요도, 발명할 필요도 없다. 진흙이 씻겨 나가기만 하면 꽃은 순식간에 드러난다. 우리가 하는 수련도 연꽃을 덮고 있는 여러 겹의 진흙을 없애 나가는 것과 다르지 않다. 우리의 존재에 무엇을 더할 필요 없이, 그저 덜어 내고 벗겨 내기만 하면 된다. 그렇게 생각하면 수련도 복잡할 것이 없다. 다만 궁금한 것이 있다면 '어떤 순서로 수련을 해야 할 것인가?' 하는 정도다.

요가의 창시자인 파탄잘리Patanjali는 '가지limbs'라고도 불리는 요가의 8단계를 세웠다. 그 8단계는 다음과 같다.

1. 야마yama : 세상 속에서 타인과 더불어서 사는 방법
2. 니야마niyama : 개인의 생활 속에서 홀로 하는 수련
3. 아사나asana : 명상을 준비하는 요가 자세들
4. 프라나야마pranayama : 호흡을 통한 에너지의 제어
5. 프라트야하라pratyahara : 감각의 에너지를 내면으로 모으기
6. 다라나dharana : 마음을 한 곳에 집중하기
7. 디야나dhyana : 집중을 통해 마음의 활동이 완전히 멈춘 고요의 상태
8. 사마디samadhi : 나와 우주의 합일 상태, 삼매三昧의 경지

이 여덟 개의 가지가 각각 하나의 단계다. 사다리를 한 칸씩 오르는 것과 같이 성장에도 순서가 있기 때문이다. 요가

는 우리에게 여덟 개의 칸으로 이루어진 사다리를 제공한다. 우리가 할 일은 그 사다리를 한 칸씩 오르는 것이다. 이 여덟 단계는 요가라는 나무의 여덟 개의 가지라고도 불린다. '가지'라고 하는 이유는 그것이 팔다리가 자라듯 각자가 지닌 몸의 고유한 에너지를 받아 자라며, 마치 팔다리처럼 그때그때 개인의 필요에 따라 작용하기 때문이다.

여덟 개의 가지는 각기 다른 기능으로 구분되지만 동시에 모두 하나로 연결되는 밀접한 관계를 맺고 있다. 예를 들어 손과 발, 뇌는 따로 작동하지 않는다. 각자 기능은 다를지라도 모두 한 유기체의 구성 요소로 연결되어 있다. 뇌가 작동을 멈추면 손과 발도 움직임을 멈출 것이다. 전부 하나의 몸에 연결돼 있기 때문이다.

파탄잘리는 "순서대로 각 단계를 올라가는 것과 여덟 가지 원칙을 동시에 적용하는 것, 둘 다 필요하다."라고 말했는데, 나는 이 말이 참 좋다. 실제 수련에 도움이 되기 때문이다. 수련을 할 때, 한 번에 한 단계에만 집중할 수도 있고, 한 번에 여덟 가지에 모두 집중할 수도 있다. 어떤 방법을 택하든 여덟 개의 가지는 서로 맞물려 자라나게 된다. 각 단계를 순서대로 밟는 방법과 모든 단계를 동시에 수련하는 방법은 서로 도움이 되기 때문이다.

요가를 마스터하려면 이 여덟 개의 가지를 모두 발견하고 몸에 익혀서 자신의 자연스러운 본성으로 삼아야 한다. 그러나 일단은 야마, 니야마, 아사나로 이루어진 처음 세 단계부터 시작해야 한다. 이 세 단계는 수련에 방향성과 과제를 제시하고, 신체적인 변화가 일어나기를 바라는 것에서 벗어나 자신의 에너지와 방향성을 이용하여 원하는 변화를 직접 일구어 가게 한다.

산스크리트어 야마를 영어로 옮길 때 '참다, 억제하다'의 의미로 옮기는 경우가 많다. 하지만 이 단어에는 그런 의미가 없을 뿐 아니라, 생활 속에서 야마를 직접 실천해 보면 '참다, 억제하다'라는 뜻과는 거리가 멀다는 것을 금세 알 수 있다. 파탄잘리는 '자신의 에너지를 올바른 방향으로 강화함으로써 에너지를 낭비하거나 분산하는 일이 없도록 하라'는 의미로 야마를 수행하라고 가르쳤다. 따라서 야마는 자신을 억제하는 수련이 아니라, 올바른 방향으로 에너지를 내보내는 수련이다. 매일의 수련에서 우리는 항상 두 가지 중 하나, 즉 '예스'라고 말하고 확장을 향해 가거나 그 반대의 방향으로 에너지를 보낸다. 야마의 반대는 에너지를 방향성 없이 사방으로 돌아다니게 만드는 것이다. 똑같은 생명력, 똑같은 에너지라도 야마가 빠지면 여기저기 흩어져 힘이 약해지거나 아예 날아가 버린다.

초보 강사 중에는 수강생들에게 강한 인상을 남기고 싶어서 아사나 순서에 지나치게 많은 변형을 주는 사람들이 있는데, 그런 수업에 참여해 보면 제대로 된 방향성 없이 매트 위에서 정신없이 돌아다니다가 수업이 끝나 버린다. 그러면 쓸데없는 데 에너지를 낭비한 것 같은 기분이 들어 좌절감이 올라온다. 방향성이 결여된 움직임에 따라오는 좌절감은 매트 밖의 삶에도 똑같이 적용된다.

야마가 없으면 에너지를 모조리 쏟아붓고도 아무런 성취감을 느끼지 못한 채 몸만 지치게 된다. '자기 절제'를 수련하려면 먼저 자신의 생명 에너지에 방향성을 실어 주어야 한다. 생명 에너지는 유한하기에 잘 관리해야만 잠재력을 충분히 끌어낼 수 있다. 우리는 매트 위에서나 매트 밖에서나 무한한 가능성의 방향으로 에너지를 사용할 수 있다.

야마는 우리가 가진 가장 내밀한 욕구가 무엇인지 깨닫게 해준다. 욕구를 달성하는 방향으로 에너지를 사용하도록 이끌어 주기 때문이다. 요가에서나 삶에서나 시작점은 항상 자기 자신이다. 자신이 원하는 바를 확실히 하고 그 방향으로 에너지를 움직인다는 것은 자신에게 자유의지가 있고, 따라서 어느 방향으로 에너지를 쓰느냐에 대한 책임 또한 있다는 사실을 뼛속 깊이 받아들인다는 의미이다. 요가에서도, 삶에서도 우리 모두는 자신의 행동에 대하여 책임이 있다.

뱁티스트 요가의 세 가지 신조 중 하나가 '나는 지금 준비됐다'이다. 모든 것이 자기 자신으로부터, 자신의 내면으로부터 시작되며, 분명한 의도를 가지고 자세에 임한다는 의미인 것이다. 우리 안에서 야마를 정하면, 야마는 내면의 나침반의 진북이 되어 우리가 '예스'라고 말하는 방향으로 이끌어 준다.

일반적으로 아사나 수련 안에서 행하는 자기 절제란, 몸의 중심부를 향해 에너지를 모으고, 그 중심부에서부터 팔과 다리의 움직임을 통해 에너지를 유려하게 다시 펼쳐 내는 것을 말한다. 자세를 취할 때 분명한 의도를 품고 의식적으로 움직이며, 에너지를 모아 목적의식을 가지고 사용하며, 신체의 모든 부분이 동일한 방향을 향해 가고 있다면 야마를 잘 사용하고 있는 것이다.

진북은 매트 밖에서도 똑같은 방식으로 작동한다. 삶의 방향성을 잡고, 자신이 만들어 가고자 하는 삶에 '예스'라고 말하는 상태가 되면, 그 즉시 내면으로부터 중심이 잘 잡혔다는 느낌이 올라온다. 방향성이 중심을 만들어 내면, 그다음에는 중심이 에너지에 방향성을 실어 준다. 중심과 방향성은 이런 식으로 상호작용하며 삶과 수련에 성취감을 가져다준다.

그렇다고 해서 무턱대고 방향성이 생기기만을 기다리지 말고, 인생의 전부가 걸렸다는 마음으로 자신이 가고 싶은 방향이 무엇인지 선명하게 그림을 그릴 수 있도록 노력해 보자. 이것이 바로 요가 수련의 첫걸음이다. 이 첫걸음은 사다리의 두 번째 단계인 니야마로 갈 수 있는 토대를 마련해 준다.

'니야마'는 '법률이나 규칙의 성실한 준수'라는 뜻이다.

이 말은 삶에도 요가에도 규율과 규칙이 있음을 의미한다. 니야마는 변화를 거부하지 않으면서도 규칙적인 수련을 하는 것이다. 규칙적인 수련이라는 규율을 지키지 않으면 원칙 없는 충동과 본능만이 남을 것이며, 야마와 아사나도 창밖으로 날아가 버릴 것이다.

규율을 '자유가 없는 상태'와 혼동하는 경우가 있는데, 수련에서 규율은 우리를 자동 반사적인 생각과 일상을 지배하는 습관으로부터 자유롭게 해준다. 예를 들어, 주중에 매일 아침 일어나자마자, 또는 각자의 일정에 맞는 시간에 30분 동안 수련을 하겠다는 규칙을 세우고 충실히 지키다 보면 그것이 습관이 되어 나중에는 생각하지 않아도 자동으로 그 시간에 매트 위로 올라가게 된다. 수련이 습관으로 정착되었기 때문에 일정표를 조정하거나 우선순위를 저울질할 필요도 없어진다.

야마의 방향성이 수련을 향하면 어떤 습관도, 이를테면 조금 더 자기 위해 자명종이나 스마트폰 알람의 '다시 울림' 기능을 이용하는 것 같은 습관도 필요 없게 된다. 규율을 통해 우리는 몸과 존재의 자유와 삶의 방향을 의식적으로 선택할 자유를 얻을 수 있고, 그것을 실현하는 데 쓸 에 너지를 기를 수 있다. 규칙적인 수련이라는 규율을 지키는 요기만이 마스터가 되기를 꿈꿀 수 있다고 말해도 과언은 아닐 것이다.

사다리의 세 번째 발판은 '자세'를 의미하는 '아사나'다. 이전 두 단계가 탄탄하게 다져졌을 때만이 세 번째 단계도 빛을 발할 수 있다. 방향성과 규율 규칙적인 수련을 갖춘 사람 은 뛰어난 아사나 능력을 갖출 수 있다. 모든 요가 자세의 목표는 열정과 냉정 사이의 균형을 갖추는 것이다. 바퀴자 세든, 앉아서 하는 명상자세든 그 어떤 자세가 되었든 안달 복달하지 않고 열심히 하고자 하는 열정과 자연스럽게 내 려놓을 수 있는 냉정 사이의 균형과 여유를 갖춰야 한다. 초보자는 5분, 10분도 가만히 앉아 있지 못한다. 안절부절 못하고 들썩거린다. 몸의 여러 곳에서 불편함과 고통이 느 껴지는데, 이때 초보자는 대개 저항하거나 도망간다. 그러 나 도망가지 않고 가만히 앉아서 명상을 하면 자신의 수련 이 어느 지점에 와 있는지에 대해 객관적이고 측정 가능하 며 눈에 보이는 피드백을 받을 수 있다. 어느 순간 좀이 쑤

시기 시작한다면 1단계와 2단계인 야마와 니야마의 수련이 덜 되었다는 신호다. 어떤 자세에서든 움직이지 않고 편안하게 앉아 있는 것이 '아사나'라는 단어의 진정한 의미이기 때문이다.

요가에서 수련을 한다는 것은 싫어하는 단계라도 건너뛰지 않고 여덟 단계를 모두 밟는다는 의미다. 생명 에너지를 모아 의식적으로 사용하고, 규율을 성실하게 준수하여 규칙적인 수련을 한 사람, 오직 그런 사람만이 다음 단계인 아사나를 꽃피울 수 있다. 그러고 나면 세상의 문이 활짝 열리고 새로운 가능성이 모습을 드러낸다. 그러면 어느 순간, 과거에는 가만히 있을 수 없었던 지점에서도 편안하고 고요하게 앉아 있는 자신을 발견할 것이다. 규율을 체득했음을 몸이 아는 것이다.

흔들림 없이 명상을 하고 싶다면 그렇게 할 수 있을 것이다. 몸이 저항하지 않도록 길들었기 때문이다. 운이 좋거나 특별히 느긋한 사람이기 때문이 아니라, 자기 몫의 수련을 다 했기 때문에 몸이 길든 것이다. 전에는 통 가만히 있지 못하던 몸도 이제는 긴장을 내려놓고 편안한 상태로 있는 것이 무엇인지 알 것이다. 긴장을 내려놓으면 삶의 스트레스도 줄어든다.

•

수련을 할 때 우리가 반드시 길러야 할 세 가지 요소가 있다. 첫 번째는 이상주의를 깨우는, 혹은 되살리는 능력이다. 두 번째는 자세 및 수련과 친밀해지는 능력이다. 세 번째는 그 어느 때보다도 빠르게 돌아가는 현대사회에서 속도 대신 깊이를 선택하겠다는 의지다. 우리가 살고 있는 사회는 이상주의를 내던지고 냉소주의를 택했고, 친밀감을 소비에 팔아넘겼으며, 깊이를 희생시켜 속도를 얻었다. 그 결과 사람들은 서로 단절되었고, 자신의 몸과도 분리되었다. 이상주의와 친밀감, 깊이를 잃으면, 요가는 몸매를 가꾸는 용도로 자세를 취하는 수준에 그치고 만다. 겉모습을 가꾸려는 목적으로 현대의 요가 공장에서 찍어 낸 '마스터'로 전락하고 마는 것이다. 이런 사람들은 자신의 중심으로부터 멀어져 수련의 주체가 아닌 객체처럼 행동하게 된다.

초보 수련자와 초보 강사들에게서는 기초 동작을 빨리

해치우고 정교하고 어려운 자세와 테크닉을 구사하는 단계
로 넘어가려는 경향이 두드러진다. 위험하고 독창성 있는
자세를 모양새 나게 시연해 보이고 싶은 초보 요기들의 마
음은 이해할 수 있다. 아마도 그런 동작들이 훨씬 멋있고 재
미있으며, 열성적인 요기들로 가득 찬 방에서 탄성을 자아
내기에도 좋으니 그럴 것이다.

하지만 그것이야말로 학생이든 강사든 초보 요기들이 쉽
게 걸려드는 저주다. 이 저주에 걸려든 사람들의 요가는 화
려하지만 경솔하고 기초가 약하다. 깊이와 친밀감이 결여
되다 보니 결과적으로는 마스터가 되는 속도도 늦어진다.
한 번이라도 진정한 대가요가뿐 아니라 다른 분야의 대가도 마찬가지
다에게서 가르침을 받아본 적이 있는 사람이라면 그들의 설
명이 매우 단순하고 기본에 충실한 점에 깜짝 놀랐을 것이
다. 대가들은 화려한 겉치레 없이, 핵심적인 내용을 가르치
는 데에만 집중한다. 진정한 대가는 단순함 안에 아름답고
강력한 지혜가 들어 있다는 사실을 잘 알고 있다.

여행을 할 때면 나는 가끔 현지의 요가 수업에 참여해 보
는데, 요즘에는 타다아사나tadasana, 산자세의 기본과 핵심을

가르치는 센터가 거의 없는 것 같다. 타다아사나는 몸 전체가 유기적으로 통합되게 해주는 동작으로, 의식적으로 행한다면 진북정렬을 가져올 수 있는 자세다. 아사나는 있지만 야마와 니야마가 빠져 있다면 수련은 당연히 깊이가 없을 것이다.

강사들이 수강생들에게 어렵고 화려한 동작을 가르치고 싶은 욕망이 드는 것은 당연하다. 기본적인 동작타다아사나야말로 가장 기본적인 동작이 아니던가!은 될 수 있는 대로 빨리 해치우고 고급 기술이 필요한 동작으로 넘어가고 싶은 충동은 자신의 기술과 지식으로 수강생들에게 '대단하다'는 인상을 주고 싶은 욕구에서 비롯된다. 하지만 그러한 욕구가 있다면 아무리 경력이 오래됐더라도 여전히 초보 강사에 불과하다는 점을 기억하기 바란다.

팔뚝과 머리를 바닥에 댄 채로 하는 물구나무서기도 못하는 학생들에게 두 손으로 짚고 물구나무서기를 하도록 가르치거나, 어깨와 골반의 힘이 길러지지 않은 학생들에게 서서 상체와 머리, 팔을 뒤로 넘기는 자세에서 바퀴자세로 넘어가도록 가르치는 것은 위험천만한 행위다. 서둘러

고급 자세로 넘어가려고 하다가는 다칠 위험이 크다. 그런 태도는 진정한 발전을 지연시키고, 깊이 있는 움직임을 만들어 내는 데 필요한 신체 수련을 대충 넘어가게 만든다. 한마디로 수련의 발전에 해가 된다.

이와 반대로 강사가 기본적인 동작을 거의 '황소고집'이다 싶을 정도로 고집하는 경우, 당신은 대가에게서 배우고 있다는 사실을 즉각 알아차릴 수 있을 것이다. 정말로 잘 가르치는 선생은 가르침을 최소한으로 줄이고, 나머지는 학생이 스스로 발견하게끔 한다. 그래도 학생은 지루하거나 어렵다는 느낌을 받지 않고, 오히려 의욕을 느낄 것이다. 정말이다. 내가 장담한다.

훌륭한 가르침을 받으면, 학생은 진북정렬과 호흡, 흐름, 드리시티와 같은 기본 요소에 내재한 잠재력을 금세 깨닫게 된다. 보이는 면뿐 아니라 보이지 않는 면에서도 성장할 것이다. 기본기가 확실해서, 그것을 충실히 가르치는 선생을 만나지 못한 불행한 사람들을 앞지르게 될 것이다.

그렇다면 야마와 니야마가 빠진 강사에게서 배우고 있다는 사실을 깨달았을 때는 어떻게 해야 할까? 야마와 니야마를 스스로 실천하면 된다. 자신이 '예스'라고 말하는 쪽으로 에너지를 집중하기 위해 노력하고, 규율을 실천하자. 매 동작에 진북정렬, 호흡, 흐름, 드리시티를 가져오도록 노력하자. 애쓰기를 내려놓고 자신을 신뢰하며 스스로의 능력을 믿자.

10
'진짜 요기'라는 신화

인생에서 누릴 수 있는 가장 큰 특권은
자기 자신이 되는 것이다.
– 조지프 캠벨

삶에서든 수련에서든 지금 자신이 어떤 사람인지,

어느 지점에 와 있는지 솔직해지자.

은신처로 숨으면 안심이 될지는 모르겠지만

삶의 핵심은 원래 불확실성에 있다.

그 어떤 것도 보장된 것은 없다.

진짜 요기는 어떤 사람인가? 지도자 과정에 참가한 수강생들에게 물었더니 다음과 같은 대답이 나왔다.

진짜 요기는…

차분하고, 평화롭고
자애롭고, 열려 있고
포용력이 있고,
사랑이 넘치고
인내심 있고, 친절하고
채식주의자이고
몸이 좋고, 유연하고
깨달음을 얻은 사람이다.

소위 자칭 '진짜 요기'라고 하는 사람들은 자신의 결점을 감춘다. 그들은 자신이 지저분한 채로 있거나, 자기 아이들 앞에서 인내심을 잃으며, 차가 막힐 때는 욕을 하고, 가끔씩 피자를 먹는다는 사실을 숨긴다. 다시 말해, 남들이 자신의 결점을 절대로 보지 못하도록 꼭꼭 숨겨 둔 채 다른 사람들에게는 자상한 미소로 '당신은 당신 자체로 아름답습니다, 나마스테!'와 같은 위선적인 말을 하곤 한다.

하지만 나는 위에 언급된 항목들에 의해 진짜 요기를 정의 내릴 수 있다고 생각지 않는다. '진짜 요기'가 되려고 애쓰는 사람 중에는 물론 위의 덕목을 어느 정도 갖춘 사람들도 있겠지만, 대개 그런 사람인 척 가면을 쓰고 있는 사람들이 많다. '진짜 요기'라는 근거 없는 이미지가 문제인 이유는 그런 가면이 우리를 진정한 자아와 멀어지게 만들 뿐 아니라 많은 경우 진정으로 원하는 것으로부터 분리시키기 때문이다. 또한 자기 모습 그대로 있는 것이 어쩐지 불편하다는 느낌을 주고, 부풀리지 않은 자신감과 솔직한 관계를 앗아 간다.

요가 업계에 오래 있다 보니 나도 이제는 평화, 사랑, 연민 같은 소위 '요가 언어'를 막힘없이 구사한다. 그러나 이런 단어들은 대부분 그럴싸한 허울에 그칠 때가 많다. 그런 가면을 쓴 사람들은 순백색의 평화 깃발을 꽂고 달리는 해적선이나 다름없다. 평소에는 부드러운 모습으로 사람들을 끌어당기지만, 어쩌다 반대 의견을 내놓기라도 하는 날에는 감정의 칼과 말의 단검이 단숨에 튀어나와 눈 깜짝할 사이에 배 밖으로 떨어뜨릴 것이다.

내가 생각하는 '진짜 요기'란 성장하기 위해 꾸준히 노력하는 사람, 매 순간 최선의 자신이 되고자 노력하는 사람, 그리고 용기를 내 매 순간 거짓 없는 자신이 되려고 노력하는 사람이다. 자신의 장점은 물론 단점이나 흉한 점까지 모두 합친 것이 자신이라고 인정하는 것을 두려워하지 않는 사람, 우울하고 스트레스를 받고 화를 낼 때도 있고, 가끔 배우자에게 소리를 지르기도 하며, TV도 보고, 커피도 마시고, 몸에 안 좋은 음식을 먹기도 한다는 사실을 솔직하게 인정하고 이야기할 수 있는 사람이다. 때로 우리의 실제 모습이 우리가 원하는 모습이 아니더라도 그런 자신의 모습까지 인정하는 것이 중요하다는 이야기다.

왜냐하면 가면 뒤에 숨는 데 따르는 비용이 너무나 큰 데 비해 얻을 수 있는 것은 별로 없기 때문이다. 가면을 쓰면 겉으로는 자신감 있고 완벽해 보일지 모르지만, 실제로는 생명 에너지가 약화되고 자신을 거짓 없이 솔직하게 드러낼 수 있는 자유도 빼앗긴다. 자신이 분열된 것처럼 느껴지고 길을 잃은 듯한 기분이 든다.

누가 봐도 근사한 요기 같고, 모든 자세의 이름을 산스크리트어로 말할 수 있으며, 유연함과 근력을 겸비한 훌륭한 아사나를 뽐낼 수 있을지는 모른다. 그러나 진짜로 물어야 할 질문은 이것이다. "그 안에 '당신'이 있는가?" 그리고 "화려한 가면 뒤에 숨는 대가는 무엇인가?" 너무나 많은 사람이 자신의 업적이나 학위, 통장 잔액, 정교하게 꾸며낸 이미지 뒤로 자신의 진짜 모습을 숨긴다.

뉴욕에서 열린 지도자 과정에 참여한 그렉이라는 수강생이 자신의 가면에 대해 털어놓았는데, 많은 사람이 공감할 것 같아서 공유하려 한다. 그렉은 유명한 기술 회사를 운영하는 성공한 사업가다. 그의 말에 의하면 예쁜 아내와 눈에 넣어도 아프지 않을 세 명의 아이들, 넓은 집이 있으며, 친구도 많고, 당장 일을 그만두어도 평생 먹고살 수 있을 만큼의 돈도 있다고 했다. 가족과 친구, 직장 동료 사이에서 그렉은 '어떤 일이든 해내는 사람'으로 통한다. 겉으로 보기에 그의 삶은 완벽하다. 그렉 자신도 이 점을 인정한다.

그러나 완벽해 보이는 가면 뒤에 숨은 그렉의 참모습은 엉망진창이었다. 위장 장애, 불안, 불면증 등 우리가 상상할 수 있는 스트레스 증상을 몽땅 안고 있었다. 현재 누리는 안락함을 감사히 여기기는 하지만, 자신이 만들어 낸 가면과 생활 패턴의 노예가 된 듯한 기분을 떨칠 수가 없다는 것이었다.

"이 모든 걸 유지하는 데 제 에너지의 전부를 쏟아붓고 있어요. 하지만 이젠 지쳤습니다. 어떨 땐 아내와 아이들이 옆에 있는데도 혼자인 기분이 듭니다. 저에게 중요한 게 무엇이고, 제가 무얼 하고 싶은지… 이젠 모르겠습니다."

내가 그렉에게 물었다. "완벽한 삶을 유지하기 위해 당신이 치르는 대가는 무엇입니까?"

한순간의 망설임도 없이 그는 대답했다. "제가 진짜로 원하는 삶이요. 사랑, 연결, 기쁨, 자유. 지금 막 깨달았어요.

현재의 풍족함과 편리함보다 그런 것들을 더 원한다는 사실을요."

그렉이 이렇게 말할 때, 수련실에 있던 나와 열 명의 직원, 그리고 250명의 참가자는 우리 눈앞에서 그의 에너지가 변화하는 것을 목격했다. 그가 가면을 벗고, 마음을 열고, 자기 자신이 되는 데서 오는 가벼움과 밝음, 편안함을 받아들임에 따라 그의 얼굴과 몸을 짓누르고 있던 무게가 서서히 사라졌다.

요가에서든 삶에서든, '○○처럼 보이기'나 '○○처럼 말하기'로는 진정한 만족감을 느낄 수 없다. 그러니 '진짜 요기'가 되려는 생각 같은 것은 내려놓고, '나'라는 요기가 되자. 자신이 중요하게 여기는 것, 자신이 노력하고 있는 부분에 대해 당당하고 솔직해지자.

요가 수련의 진정한 보상은 가면 뒤에서 걸어 나와 멋지지만 단점도 있는 인간적인 모습을 드러내는 용기를 발휘할 때 따라온다. 감출 필요도, 사과할 필요도 없다. 그저 모든 모습이 자신의 일부라는 사실을 인정하고 받아들이면 된다. 자신에 대해 마음에 들지 않는 부분이 있어도 괜찮다.

그런 부분이 있다고 인정하는 행위 자체가 우리를 자유롭게 만들어서 단점을 고치게 한다.

자신의 거짓된 모습에 솔직해지면 마음이 부르는 방향으로 생명 에너지를 보낼 수 있는 문이 열린다. 숨기지 말고 열어 놓는 것이 자신의 잠재력을 발견할 수 있는 최선의 방법이다. 자신의 잠재력을 따라가면 진북과 일직선상에 있게 되고, 삶과 수련의 목표를 이루기 위해 행하는 노력에 힘을 받을 수 있다. 그러나 언제든 다시 가면 뒤에 숨어 자신이 아닌 사람인 양 가장하면 잠재력을 발휘하지 못하고 길을 잃게 될 수 있다.

삶에서든 수련에서든 지금 자신이 어떤 사람인지, 어느 지점에 와 있는지 솔직해지자. 은신처로 숨으면 안심이 될지는 모르겠지만 삶의 핵심은 원래 불확실성에 있다. 그 어떤 것도 보장된 것은 없다. 삶의 모든 가능성과 대면하고 싶어 요가를 한다면 자신을 활짝 열어 놓는 데에서 오는 위험도 감수해야 한다. 정상에 오르고 싶다면 중간 어느 지점에서 추락할 수 있는 위험까지도 감수해야 한다.

어쩌면 지금 여러분이 서 있는 바로 그 자리가 추락의 위험이 도사리고 있는 지점일 수도 있다. 진실을 추구하며 가는 길에는 용기가 필요하다. 그러나 용기를 내어 막상 위험이 도사리고 있는 곳에 가보면 걱정했던 것과는 달리 추락이 아닌 비상할 수 있는 기회가 기다리고 있어 깜짝 놀랄 때가 더 많을 것이다.

11

거대한 거짓말

내가 어떤 사람이 될지는 내가 정한다.

– 랠프 월도 에머슨

'나는 강하지 않다··· 사랑받을 가치가 없다···

하찮은 존재다··· 나에게는 되는 일이 하나도 없다···

돈은 사악한 것이다··· 새로운 것을 시도하는 일은

바보 같은 짓이다···.'

이 모든 것은 다 당신이 지어낸 이야기다.

우리는 모두 거대한 거짓말의 우산 아래에서 살아가고 있다. 그 거짓말은 대개 다음에서 이야기하는 것과 같은 양상으로 전개된다.

인생의 어느 시점에선가, 대체로 어렸을 때, 우리는 스스로에 대해 이러저러한 믿음을 갖게 되었다. 누군가 우리에게 직접 한 말이나 다른 사람에게 한 말을 전해 듣거나 어떤 사건을 겪은 뒤, 자신에게 어떤 한계나 결점이 있다고 믿게 된 것이다. 그리고 미처 깨닫지 못하는 사이, 작은 사건 하나 때문에 우리 인생의 전반적인 분위기가 바뀌어 버렸다.

그 일이 일어나는 과정을 가정해 보자.

어린 시절, 종합운동장처럼 넓은 곳에서 갑자기 부모님과 떨어지게 되었다고 상상해 보자. 아무리 주변을 둘러봐도 아는 사람이라고는 보이지 않는다. 그러면 당시에는 의식하지 못했더라도 이 경험에서 비롯된 감정이 당신 안에 깊이 뿌리내리고, 그것을 '이 세상에는 나 혼자뿐'이라는 의미로 해석한다.

초등학교 1학년 때 어떤 아이가 당신에게 멍청하다고 했는데, 당신은 그 말을 믿었다. 그때부터 지금까지 당신은 '나는 목표를 성취할 만큼 똑똑하지 못해.'라고 생각하며 살고 있다.

또는 다른 방식으로 누군가가 당신을 버리거나, 아프게 하거나, 해를 입혔다. 그리고 그것을 자신이 사랑받을 만한 사람이 아니라는 증거로 받아들였다. 그때부터 지금까지 그 믿음이 모든 행동과 결정을 좌우해 왔다. 사랑받을 가치가 없다고 믿기 때문에 수많은 관계를 깨고 또 깼을 것이다. 당신을 채워 주고 만족시켜 줄 누군가를 기다리면서.

당신은 자신이 가치 없는 인간이라고 믿어 왔다. 그래서 스스로에게 그게 아니라는 것을 증명하기 위해 무엇이든 기대 이상으로 해냈을 것이다. 하지만 아무리 어려운 목표를 달성해도 행복하지 않았을 것이다. 인정받는 직원이자 최고의 부모, 훌륭한 요가 수행자임에도 불구하고 스스로에 대해 깊이 뿌리박힌 인식은 바뀌지 않았을 것이다.

자, 이제 재미있는 사실을 하나 말해 볼까? 이제껏 당신의 삶을 지배해 온 그 믿음은 전부 가짜다! 그것은 당신이 지어낸 이야기다. 혹은 누군가의 가벼운 의견을 절대적인 사실로 받아들인 것일 뿐이다.

'나는 강하지 않다… 사랑받을 가치가 없다… 하찮은 존재다… 나에게는 되는 일이 하나도 없다… 돈은 사악한 것이다… 새로운 것을 시도하는 일은 바보 같은 짓이다….'

이 모든 것은 다 당신이 지어낸 이야기다. 이런 믿음은 '진실'이 아니다. 진실은, 당신은 사랑받을 가치가 충분한데 사랑받을 가치가 없다고 믿고 있는 것이다. 진실은, 당신은 약하지 않은데 약하다고 믿고 있는 것이다. 진실은, 당신은 세상에 홀로 남겨진 것이 아닌데 아무도 당신을 지지하거나 보살펴 주지 않는다고 믿고 있는 것이다.

이런 자신에 대한 잘못된 믿음은 당신이 해 온 모든 말과 행동, 새로이 맺거나 끊어 온 모든 관계, 취하거나 포기한 모든 기회와 결정의 순간들에 한결같이 점철되어 왔다.

나의 이야기에 대한 당신의 답이 "잠깐만요, 그 얘기가 다른 사람들에게는 맞을 수 있다는 것도 알겠고, 그 사람들이 어떻게 그렇게 하는지도 알겠는데, 저는 그런 사람 아니거든요."라면, 잠시 책을 덮기 바란다. 숨을 깊이 들이마시고, 발이 어디에 있는지 보고, 앉아 있는 자리도 한번 본 다음, 자신의 삶을 자세히 들여다보자. 이제까지 해온 경험의 이면을 들여다보며 혹시 만에 하나라도 당신의 믿음이 삶을 좌지우지하지는 않았는지 스스로에게 물어보자.

우리는 '삶이 우리에게 벌어진다'고 믿지만, 사실은 우리 자신이 삶의 많은 부분을 빚어낸다. 지금까지 살면서 겪어온 일 중 얼마나 많은 사건이 반복되는 패턴이나 일관된 양상을 보이는가? 이렇게 자문하다 보면 자신이 어디서 어떻게 거대한 거짓말에 휘둘리고 있는지 살펴봐야 할 지점이 눈에 띌 것이다.

당신은 다섯 살이나 열 살, 혹은 열다섯 살 때 만들어 낸 믿음에 반응하며 살아왔다. 하지만 지금은 존재하지 않는 무언가에, 말하자면 유령들에게 반응하는 것이다. 그것은 매우 지치는 일이다. 지금 여기서 진짜로 벌어지고 있는 일이 아니라 벌어지고 있다고 '생각되는' 일에 반응하고 있다면 덫에 걸린 것이다. 계속해서 다른 곳으로 가려고 해도 결국 제자리로 돌아오고 만다. 당신이 믿고 있는 거짓말보다 한발 앞서 나가지 않는다면 삶에 발전은 없다. 직업이나 사는 곳, 친구, 연인을 바꾸고, 요가 스타일을 바꿔도 소용없다. 선불교에서 하는 말처럼 "어디에 가든 그곳에 당신이 있다."

거짓말은 거기서 멈추지 않는다. 우리는 아직 일어나지도 않은 일에 대해서까지 미리 이야기를 짜놓는다. 습관적인 믿음을 모든 상황에 투사하고, 느끼고 싶지 않은 감정을 느껴야 하는 순간이 오기 전에 얼른 빠져나온다. '이 사람은 나를 버릴 거야. 그러니까 아예 사귀지 말아야지.' '나는 그런 자세는 할 수 없을 거야. 그러니까 시도하기 싫어.' '명상에서 큰 도움을 받는 사람도 있겠지만, 나는 해봤자 안 될 거야. 그러니 시간 낭비야!'

자, 이쯤에서 한번 질문을 던져 보자. 우리 머릿속에서 일어나는 일이 지금 실제로 일어나고 있는 일과 얼마나 관계가 있을까? 내 생각엔 '전혀' 없다. 한번 생각해 보자. '나는 강하지 않아.'라는 당신의 믿음은 까마귀자세를 시도조차

안 하게 만드는 것 외에는 까마귀자세와 관련한 당신의 능력과 아무 관계가 없다. 당신의 몸은 믿음과 상관없이 할 수 있는 범위 안의 동작은 해낸다. 당신은 지금까지 '강하지 못하다'는 거짓말에 속아 온 것이다!

여기까지 읽고 나면 울고 싶어질지도 모르겠다. 그러나 사태의 심각성을 알게 된 것은 사실 좋은 일이다. 이 거짓말에 웃을 수 있게 되기 전까지 그것은 심각하고 무거워 보일 수 있다. 하지만 심각한 일이라는 생각에 속아 넘어가는 것은 또다시 악순환에 빠지는 길이다. 한 걸음 물러나 관찰자의 시선으로 바라보면 문득 깨달음의 순간이 찾아올 것이다. 엉뚱한 믿음이 자신의 삶에 얼마나 많은 영향을 끼쳐 왔는지를 알고 나면 처음에는 웃어야 할지 울어야 할지 혼란스러울 것이다. 그러나 진실을 보고 나면 마음이 가벼워지고, 그 어처구니없음에 웃음이 터질 것이다. 그리고 좋은 소식에 초점을 맞추게 될 것이다.

좋은 소식은 '잘못된 믿음을 만들어 낸 힘은 자신에게서 나왔으므로, 똑같은 힘을 사용해 그 믿음을 없앨 수 있다'는 것이다. 자신의 잘못을 명백히 알고 나면, 더 이상 그것의 노예가 되지 않을 것이다. 여러분은 선택의 자유가 있는 영역으로 들어왔다. 또다시 똑같은 실수를 반복하고 계속 괴롭게 살아야 할지, 아니면 새로운 선택을 할지는 온전히 여러분 자신에게 달렸다.

아사나 수련은 자신의 잘못된 믿음을 발견하고 그것으로부터 벗어난 삶으로 나아갈 수 있는 좋은 기회다. 아사나 수련은 묵은 에너지를 청소하고 새로운 공간을 만들어 낸다. 흐름을 타고 여러 자세를 이어 가다 보면 수많은 감정이 활발히 올라오는데, 때로는 직면하기 버거운 감정이 올라올 수도 있다. 그러나 수련을 하면 할수록 그런 상황을 다루는 데 능숙해진다. 어떤 감정이든 올라와야 한다면 올라오게 두고, 그다음에는 흘려보내는 것이다.

예를 들어 내가 비둘기자세를 하고 있는데, 자세가 힘들게 느껴진다고 해보자. 그리고 '난 근력이 약해서 어려운 자세는 못 해.'라는 혼자만의 믿음에 빠져 있다고 가정해 보자. 몸에서 불편함이 느껴지는 순간, 나의 습관적인 믿음은 마구 경고음을 울려댈 것이다. '이건 못 해! 당장 그만둬!' 그러면 나는 포기하고 자세를 풀 수도 있다. 하지만 반대로 그 생각은 생각대로 올라오게 두고 느껴야 할 것이 있다면 느낀 다음, 생각을 흘려보내고 계속해서 자세를 이어갈 수도 있다.

도망가는 대신 '자세를 유지하면 그다음에는 어떤 일이 벌어질까?' 하는 생각이 들 수도 있다. 도망가지 않고, 자세를 풀지 않고 유지하면 과거의 감정적 에너지가 올라오는 것을 발견할 것이고, 계속 지켜보다 보면 그 에너지는 사라질 것이다. 몸이 불편하지 않도록 자세는 약간 바꿔야 할지 몰라도, 감정의 잔여물은 녹아 없어질 것이다.

나의 아버지의 가르침에는 깊이가 있었지만, 어린 시절 나는 아버지가 무슨 얘기를 하는지 도통 이해하지 못했다. 내가 열 살 때, 부모님이 운영하시던 요가원에서 아버지의 명상 수업을 들었던 때의 일이다. 아버지는 다음과 같은 내용을 가르치셨다. "명상을 하면서 자신의 생각을 마주하는 동안 이 점을 기억하세요. 혼자 생각을 할 때나 다른 사람과 이야기를 나눌 때, 어떤 생각이나 말이 여러분을 화나게 만들고 싸우거나 도망치고 싶게 만든다면, 거기에 반응하기 전에 우선 스물네 시간을 기다리십시오."

그때는 그 말이 무슨 뜻인지 몰랐지만 지금은 안다. 누군가가 나에게 모욕적인 말을 퍼붓거나 내 머릿속의 생각이 감정의 동요를 일으키면 나는 스스로에게 이렇게 말한다. '자, 24시간이 지난 다음 다시 매트 위로 돌아오자. 나를 화나게 하는 생각이나 모욕적인 언사에 대응해야 할지, 대응하지 말아야 말지, 한다면 어떻게 할지 그때 가서 결정하자. 나를 화나게 하는 생각이 나 자신이나 내 수련에 관한 것이어도 마찬가지야.' 이 연습 덕분에 수련에 새로운 세계가 열렸다. 그리고 그 여정은 지금도 계속되고 있다.

대응은 반응과는 다르다. 반응은 자동으로 나오는 습관적인 행위지만 대응은 의식적인 행위다. 매트 위에서나 밖에서나 그 두 가지가 작용하는 방식은 똑같다. 습관적인 생각이 올라오고 곧바로 그 생각에 반응해서 저항하거나 그만둔다면 상황을 제대로 볼 수 있는 시간이나 여유가 없다. 무의식적인 반응의 덫에 걸려드는 것이다. 반대로 기다리고 지켜보며 또 어떤 일이 일어날지 호기심을 가지면, 반사적으로 반응하는 대신 의식적으로 대응할 수 있는 여유가 생긴다. 인내심은 놀라운 힘을 지닌 내적 자산이며, 기다림은 나에게 '틈'에 깃든 힘을 알게 해주었다. 사물을 그저 내버려 두는 것에는 '놓아줌'의 힘이 들어 있다.

아사나 수련은 나약한 생각의 늪에서 벗어나 행복하고 자유로운 경험으로 이끌어 준다. 행복하고 자유로운 경지를 요가에서는 '사마디'라고 부른다. 사마디의 의미는 매우 심오하다. 사마디는 오염되지 않은 정갈한 시각을 의미하기도 하지만, 여기서는 모든 것을 이루고 비워서 도달하는 최고의 경지라는 의미로 보는 것이 더 적합하다. 사마디는 자신은 물론이고 모든 것에 대한 완전한 자족의 상태로, 부족함도 더 채울 것도 없는 충만한 행복의 경지에서 깨끗한 마음으로 바라보는 것이다. 행복해지기 위해 도달해야 할 '저 너머의' 어딘가는 존재하지 않는다. 여기가 바로 그곳이다. 여러분 자신을 포함한 모든 것이 완전하고, 완벽하며, 아무 부족함이 없다. 즉, 당신은 집으로 돌아온 것이다.

우리를 기운 빠지게 하는 거짓 믿음 대신 사마디, 즉 진북 정렬 상태에서 자세를 취한다면, 그리고 이미 집에 와 있다는 마음으로 자세 안에서 춤출 수 있다면 어떤 일이 벌어질까? 거짓말을 알아차리고 사마디의 상태에 이르면 무언가를 고치고 바로잡으려고 했던 과거와 달리 자세 안에서 자유를 느끼고 원하는 것은 무엇이든 만들어 낼 수 있을 것이다. 그것이 어떤 모습일지, 여러분이 무엇을 할 수 있을지, 그리고 어떤 것이 가능할지 상상해 보기 바란다.

자신이 갖고 있던 잘못된 믿음이 무엇인지 알고 나면, 경험을 무겁게 하기보다는 가볍게 하는 방향으로 삶의 모든 에너지를 이용하게 된다. 어쩌다 진지함과 심각함, 무거움 속에 휩쓸린다 해도 그것을 버리기로 하고 날숨에 얹어 날려 보낼 수 있다. 매사에 이런 태도로 대처할 수 있다면 제대로 훈련된 것이다. 제대로 훈련이 되었다는 뜻은 잘못된 믿음 속에서 쳇바퀴 도는 삶이 끝났다는 의미다. 자신을 나약하게 만드는 믿음이 밀려오려 할 때마다 그것을 알아차리고 흘려보낼 수 있기 때문이다. 그러면 자신에게 일어나는 모든 일을 지금 이 순간으로 돌아오는 방편으로 사용할 수 있게 된다. 균형이 필요한 자세에서 균형을 잃고 쓰러지려고 할 때 자신을 추슬러서 중심을 잡는 것처럼 말이다.

이 장을 다 읽었는데도 자신의 잘못된 믿음이 무엇인지 이해하지 못하겠는가? 수십 년 전에 아버지의 말을 이해하지 못했던 나처럼 내가 무슨 말을 하는지 정말 모르겠는가? 그래도 괜찮다. 지금까지의 습관에 변화를 가져오고 고통이나 좌절의 무게를 덜어 내는 행위라면 어떤 것이든 전환점이 될 수 있다는 사실만 기억하자. 당신의 삶 속에서 성공이나 실패, 보상과 결과를 너무 진지하게 받아들이지 말고 그것을 가볍게 여기는 태도를 길러 보라. 한없는 자유로움은 가벼움을 경험하는 데서 피어오르니.

어처구니없는 믿음을 알아차렸다면 웃어넘기자. 자신에 대해 진지하게 생각할 때도 마음을 가볍게 가질 수 있다면 수련에서도, 삶에서도 더 높은 수준에 도달한 것이다.

12

목표에 '도달'하려고 애쓰지 말기

배움에는 끝이 없다. 책을 읽고 시험에 통과한다고 해서
배움이 끝나는 것은 아니다. 태어나는 순간부터
죽는 순간까지, 평생이 배움의 과정이다.
- 크리슈나무르티

요가 수련의 핵심은 목표 지점에 '도달'하는 것이 아니다.

수련은 고정되지 않고 흐르는 영원한 여정이다.

요가 수련에서 기억해야 할 기본 원칙은 삶이든 요가든

확장하고 발전하기 위해서는 반드시

깊이를 갖추어야 한다는 점이다.

형식의 완성 너머에 '본질'이라는 가능성이 있다.

수강생들은 종종 "손 짚고 물구나무서기를 제대로 하고 싶어요."라든가 "까마귀자세를 완성하고 싶어요."라는 말을 한다. 어떻게 하고 싶다는 생각, 즉 의도는 성장의 발판을 마련해 주므로 그런 바람을 지니는 것은 수련에 힘이 된다. 그러나 요가 자세에 '완성'이란 없다는 이야기도 하고 싶다. 필요한 기술과 기법을 연마하고 규칙적으로 수련하면 자세의 형태를 갖출 수 있고, 바라던 바를 성취하고 나면 기운이 나는 것은 사실이다. 하지만 요가의 궁극적인 목적은 형태의 완성에 있지 않다. 여러 가지 자세를 더 많이, 더 잘한다고 해서 최종 목적지에 다다른 것이 아니다. 우리 안의 인간성과 생명력을 드러낼 때, 비로소 최종 목적지에 도달한다.

자세가 얼마나 훌륭한지, 유연성이 얼마나 좋은지는 그

다지 중요하지 않다. 몸, 마음, 호흡이 하나가 되지 않는다면 요가에서 정의하는 '수련'이라고 말하기 어렵다. 요가란, 궁극적으로 자신의 존재 전체가 영향받고 변화하는 내적 경험이다. 그 안에 자세가 포함된 것일 뿐, 자세가 전부는 아니다.

아사나는 분명 몸, 마음, 감정, 호흡을 일치시킬 수 있는 유용한 도구다. 그러나 아사나를 완수해야 할 프로젝트나 달성해야 할 목표로 보기보다는, 자신을 더 큰 발견으로 이끌어 주는 문, 더욱 생생한 살아 있음의 상태로 이끌어 줄 행위로 보아야 한다. 목수가 도구를 사용하는 이유는 의도한 대로 건축물을 짓기 위해서다. 목적이 아닌 방법에 집중하면 큰 그림은 길을 잃고 만다.

요기가 아사나를 하는 것과 비슷하게 선불교의 대가들은 궁도弓道를 한다. 과녁의 정중앙을 맞힐 때까지 그들은 눈과 몸이 하나로 움직이도록 수없이 조준 연습을 반복한다. 활을 쏠 때마다 매번 과녁 한가운데를 명중시키는 경지에 도달하면 그때는 활과 화살을 버린다. 집중력을 연마해 의도를 현실화하는 능력을 체화했으므로 그 경지에 이르게 해준 '형식', 즉 도구는 더 이상 필요 없기 때문이다. 선의 대가들처럼 우리도 형식이나 겉으로 드러나는 성과 너머를 볼 수 있어야 한다. 수련의 목적은 동작과 형식의 완성에 그치지 않는다는 점을 생각해 보자. 아사나는 우리에게 요가의 더 큰 목적을 깨달을 수 있는 기회를 준다. 그 목적은 자세 깊숙한 곳에 숨겨져 있어서, 표면에서는 결코 찾을 수 없다. 그것을 찾으려면 자신을 뛰어넘어, 존재의 정중앙으로 뚫고 들어가야 한다.

요가 수련의 핵심은 목표 지점에 '도달'하는 것이 아니다. 수련은 고정되지 않고 흐르는 영원한 여정이다. 요가 수련에서 기억해야 할 기본 원칙은 삶이든 요가든 확장하고 발전하기 위해서는 반드시 깊이를 갖추어야 한다는 점이다. 형식의 완성 너머에 '본질'이라는 가능성이 있다. 이 사실을 간과하고 정상에 '도달'했다고 생각하면 '목표'가 아닌 '방법'의 어리석음 속에서 길을 잃어, 자연스럽게 생겨나는 새로운 가능성을 모두 놓치고 만다. 자세라는 형식은 목적을 달성하기 위한 도구일 뿐, 아사나 자체는 끝이 아니다. 배움에는 끝이 없다.

요기는 늘 '아사나 광狂'이 되는 것에서부터 시작한다. 요가를 하는 사람들은 누구나 안정적이고 멋진 자세에 대한 집착이 있고, 이 집착을 매트 위로 갖고 온다. 자세가 어떻게 보일지에 너무 집착한 나머지, 요가 수련이 완벽한 자세를 만드는 것보다 훨씬 특별한 무언가를 이해할 수 있는 기회라는 점을 잊곤 한다. 자세를 완벽하게 취하는 것이 잘못되었다는 말은 아니다. 다만 자세보다는 내면의 패러다임을 바꾸는 데 더 큰 노력을 쏟아야 한다는 얘기다.

요가 수련을 하면서 근력과 유연성, 체력, 전반적인 발전 상황을 점검해 볼 수 있다면 좋은 일이고, 자세에 주의를 기울이면 이런 항목들을 점검할 수 있다. 문제는 발전 상황을 점검하거나 동작을 취할 때의 상태를 확인하는 데서 멈추지 않는다는 것이다. 우리는 그렇게 나온 결과를 마치 자신의 일부인 양 여긴다. 특정 기준에 따라 '자세가 좋다'는 평가를 받으면 자신도 괜찮은 사람이라 생각하고, '자세가 좋지 않다'는 평가를 받으면 자신도 형편없는 인간이라고 생각하며, 자세에 '아직 노력이 필요하면' 스스로를 모자란 사람이라고 생각한다.

우리는 "다리 근육이 약해서 자세를 지탱할 수가 없네요."라고 말하는 대신 "제가 약해서 이 자세를 할 수가 없어요."라고 한다. 두 가지 말이 어떻게 다른지 보이는가? 전자는 다리의 근력을 평가한 것이지만, 후자는 인간으로서 자신이 어떤 사람인지를 평가한 것이다.

'모자람'을 채우기 위해 우리는 기술적인 지식을 습득하고 더 노력하려 애쓴다. 그런 시도는 나름대로 유용하지만 한편으로는 수련을 대하는 우리의 시각을 하나의 패러다임에 가두는 결과를 낳는다. 자세에 초점을 맞추면 마치 자신에게 통제권이 있는 것 같고, 측정 가능한 목표에 도전한다는 기분이 든다. 특단의 조처를 해 빠른 결과를 얻을 수 있다고 생각하면 솔깃해지기도 한다. 인정하든 그렇지 않든, 사람들은 대부분 통제하는 데에 중독되어 있다. 아사나, 수업, 직장, 결혼, 삶 등 모든 것을 직접 통제하려 한다.

외적 요소가 우리를 구원하거나 인정해 주면 영원히 행복할 것이라는 기대는 잘못된 바람이다. 매트 위에서나 밖에서나 올바른 형식을 완성하면 언젠가는 정상에 '도달할' 것이라는 생각은 근거 없는 믿음이다.

'형식'을 우리가 하는 일이나 우리가 소유한 무엇이라고 생각해 보자. 그러면 위의 주장이 옳다는 것을 알 수 있다. 관계도 어떤 면에서 보면 형식이다. 넉넉한 은행 잔액이나 완벽한 몸매, 상, 진급도 마찬가지다. 의식의 저편에서는 이런 '형식'이 진정한 행복을 가져다주지 않아서 실망한 경험을 누구나 한 번씩은 가지고 있을 것이다. 겉으로 보이는 형식적 성과를 이루면 만족에 '도달'하리라는 바람은 고통을 지속시킬 뿐이다.

이처럼 겉으로 보이는 성과를 이루면 만족하리라는 사고방식을 갖고 있으면 우리의 행복이 전적으로 외부 요인에 달려 있다고 여기게 된다. 그러나 이런 사고방식은 실망만을 가져온다. 매트 위에서든 밖에서든, 어떤 행동이나 소유물이 우리가 바라는 것을 가져다주지는 못하기 때문이다. 선 활자세에서 다리를 조금 더 들어 올릴 수 있게 된다 해도 그것으로는 결코 굶주린 마음이 채워지지 않는다.

수련을 성숙시키려면, 모든 자세를 더 열심히 연습하여

완성도를 높이면 우리가 원하는 결과에 도달할 것이라는 착각에서 깨어나야 한다. 자세에 신경 쓰는 것이 가치 없는 일이라거나 자세는 포기해도 상관없다는 뜻이 아니다. 수련의 한 형식으로 아사나를 존중해야 하지만, 그 한계 역시 인식해야 한다. 아사나의 완성도를 수련자의 자질을 재는 척도로 여겨서는 안 된다. 물론 에너지를 효율적으로 사용하고 적절한 강도를 유지하는 등 몸을 똑똑하게 사용하는 데에도 신경을 써야 하고, 새로운 결과를 얻기 위해 몸이 불편함을 느끼는 지점까지 자신을 밀어붙일 수도 있어야 한다. 그럼에도 불구하고 자세를 완벽하게 다듬으려고 하기보다는 수련의 깊이를 더하는 경험을 추구해야 한다.

밖에서 행복의 원천을 찾으려는 기대를 버리고 내면을 깊이 들여다보면 자기 자신과의 관계는 물론이고 수련에도 근본적인 변화가 찾아온다. 멋있어 보이는 것, 제대로 자세를 만드는 것, 옳은 대답에 도달하는 것은 부차적인 요소로 여기고, 행복을 최우선으로 삼게 된다. 불편한 감정이나 느낌을 피하기보다 더욱 질 높고 깊이 있는 경험을 선택하게 된다. '내가 하는 행위가 나의 자존감과 생명력을 높여 주는

가? 나는 지금 깊이 있고 본질적인 경험을 하고 있는가? 아니면 보이는 자세에 신경 쓰느라 중요한 것을 지나치고 있는가?' 하고 진지하게 묻게 된다. 한 동작에서 다음 동작으로, 들숨에서 날숨으로 넘어가는 매 순간, 자신이 하는 경험의 본질에 기초하여, 더 큰 가능성에 근거하여 선택하기 시작한다.

언제인가 아헹가 스승의 수업에 참여했을 때였다. 스승님은 우리에게 자세를 하면서 "정신의 한계를 넘어서십시오."라고 주문하셨다. "다 왔다고 생각하는 순간, 여러분은 벌레처럼 짓밟힐 것입니다."

당시 스승님은 우리에게 라자카포타사나rajakapotasana, 왕비둘기자세를 가르치고 계셨다. 뒤로 뻗은 다리의 무릎을 접어 종아리를 세운 다음 발을 뒤통수 쪽으로 가져가 두 손으로 잡으면서 나는 생각했다. '됐다!' 그리고 발을 머리 쪽으로 더 당겨 어느 때보다 더 깊은 후굴 자세를 만들었다. 여러 기법과 기술을 적용해 올바른 자세를 만드느라 의식의 절반은 몸에 가 있었지만, 의식의 나머지 반은 내가 이 동작을 '해 보였다'는 에고ego에 가 있었다. 그날따라 수련실이 수강생들로 가득 차 있어서, 수많은 눈이 나에게 집중되어 있다는 것을 의식하고 있었다. 또한 나는 스승님과 상급 조교들의 눈길도 의식하고 있었다. 최대한 잘하는 모습을 보이고 싶어서 숨을 쉴 때마다 더 깊이 몸을 뒤로 구부렸다. 그러던 어느 순간, '찌릿!' 하고 허리에서 통증이 느껴졌다. 골반과 척추에서 올라온 통증이었다.

천천히 자세를 풀 때 스승님의 말씀이 귓전을 울렸다. "정신은 우리의 친구이기도 하고 적이기도 합니다." 그 순간, 겉모습을 완성하고 싶다는 마음에 급하게 결과를 보려 했던 조금 전의 내 모습이 떠올랐다. 나의 라자카포타사나에서는 깊이나 본질은 찾아볼 수 없었다. 급하게 자세를 만들려는 욕심은 부상을 남겼고, 그 뒤로 한동안 모든 아사나 수련을 중단해야 했다. 그날의 경험은 '겉모습과 결과에 지나치게 집착하면 그에 따른 대가를 치르게 된다'는 교훈을 상기시켜 주었다.

선불교에는 '서두르면 목적지에 도달하지 못한다.'는 말이 있다. 부상을 겪은 뒤로 나는 속도를 늦추고 깊이를 쌓는 쪽을 택하면 확장된 생각과 심오한 배움에 더 가까이 갈 수 있다는 사실을 확실히 알게 되었다. 성과는 서두르지 않을수록 빨리 나온다. 인내심을 갖고 수련에 임하면 시간으로 잴 수 없는 깊이를 지닌 경험을 하게 된다. 자세를 완성하는 데, 자신이 어떤 사람인지 아는 데, 인생의 목적이 무엇인지 찾는 데 시간이 얼마나 걸릴지 묻는다면 우리는 또다시 시간이라는 속임수에 넘어가는 것이다.

처음에는 '속도를 늦춘다'는 것을 요가 자세를 하면서 몸을 천천히 움직이는 의미라고 생각할 수도 있다. 하지만 정말로 아사나를 천천히 하는 것으로 자신의 인간됨에 다가갈 수 있을까? 그렇게 생각하면 달리기를 하는 사람이 걷는 사람보다 명상을 잘하지 못한다는 얘기가 된다. 물론 그렇지 않다. 속도를 늦추면 몸의 역학이나 자세 잡기에 도움이 되긴 할 것이다. 하지만 그렇게 외적 속도에 집착하는 것은 여전히 형식을 고치려 하는 태도다. 정말로 속도를 늦추려면 자신 안에 공간을 만들어야 한다. 자세 안에 머물며 그 경험이 자신의 존재를 관통하게 하는 것은 매우 의미 있는 경험이다. 그러기 위해서는 인내심이 필요하다.

요가 수련을 하다 보면 조급함에 직면하게 된다. 그러나 시간이 흐르면서, 조급할수록 변화가 더디 일어난다는 사실을 배우게 된다. 서둘러야 빨리 변화할 수 있을 것 같지만 오히려 서두를수록 성장은 늦어진다. 요가 수행자들은 무한한 인내심을 발휘하는 순간이 변화가 일어날 수 있는 순간이라고 말한다.

고수의 진면목은 편안함과 깊이에서 드러난다. 아헹가 스승님이 수련하는 모습을 보고 있으면 뛰어난 운동선수나 무대에 선 프리마돈나 무용수가 떠오른다. 어려운 동작이나 불가능해 보이기까지 하는 동작도 쉽게 할 수 있는 다른 차원에 들어가 있는 것만 같다. 스승님은 마치 창의적인 예술가처럼 유연하게 움직였고 그의 진수가 움직임을 통해 발현되는 듯했다. 단순히 완벽한 아사라는 형태의 틀을 넘는 깊이가 느껴졌다.

우리는 무언가를 이해했다는 생각이 들면 그것에 '통달했다'고 생각한다. 그것을 완전히 파악했고, 자유자재로 다룰 수 있다고 생각하는 것이다. 그러나 아헹가 스승님이 수련을 통해 보여 주었듯, 어떤 것에 완전히 통달하면 우리가 그 행위를 하는 게 아니라 그것이 우리를 움직인다.

위대한 스승들은 계속해서 배우는 사람들이다. 세상에는 배우고 탐구하고 발견해야 할 것이 무궁무진하다. "다 왔다고 생각하는 순간 벌레처럼 짓밟힐 것이다."라는 스승님의 말씀은 배움을 다 했다고 생각하는 순간 성장이 멈춘다는 뜻일 것이다. 자신만의 노하우로 꽉 차서 새로운 것을 받아들일 수 없다면 막다른 골목에 다다른 것이다. 자세를 마스터했다고 생각하거나 목적지에 도달했다고 믿는 순간, 배움은 끝난다.

계속해서 성장하기 위해서는 변화할 수 있는 융통성이 있어야 한다. 변화를 수용한다는 것은 잘 배운다는 의미다. 그리고 잘 배우기 위한 조건 중 하나는 열린 마음으로 스승의 말을 자신의 몸 안에서 체화하는 것이다. 사람들은 강사가 말을 시작하자마자 '아, 무슨 말 하려는지 알겠다.'고 생각하는 경우가 많다. 강사가 자세의 이름을 부르기가 무섭게 다음 말은 듣지도 않고 습관적이고 반사적으로 동작을 이어 간다. 하지만 수강생으로서 배우기 위해 매트에 앉았다면 몸과 마음을 열고 탐구하는 마음으로 새로운 것을 배워 보는 것은 어떨까?

여러분은 아는 것이 많다. 공부도 했고, 책도 읽었고, 여행도 했으며, 여러 가지 경험도 했고, 연구도 했고, 산전수전 다 겪었다. 그 과정에서 여러분이 얻은 소중한 지혜를 인정하고, 박수를 보낸다. 하지만 '어제의 성공이 오늘의 장애물이다.'라는 말을 기억하기 바란다. 그 모든 과정을 거쳐 온 이유가 지금 이 순간, 바로 여기, 여러분 앞에 놓인 것을 눈과 귀와 마음을 활짝 열고 힘차게 마주하기 위해서라고 생각하자. 매트 위와 밖에서 여러분이 해온 모든 노력 덕분에 여기까지 왔지만, 이제는 그것을 전부 흘려보내고 새로운 경험을 위해 공간을 비울 때다.

어떤 동작이든 원하는 대로 할 수 있는 능력과 기술을 성취한 뒤에도 언제나 또 다른 차원의 발견을 할 수 있다. 바로 이때가 질문의 힘이 미덕을 발휘하는 순간이다. 스스로에게 물어보자. '지금 나는 수련에서 어떤 갈림길에 서 있는가?' 이 질문은 수련이 지닌 복잡성 덕분에 수련의 의미가 더욱 깊어진다는 사실을 확인시켜 준다. 자신이 갈림길에 있다는 것을 인정하면 그 상황을 헤쳐 나갈 에너지가 생긴다. 갈림길에 있다는 것은 우리가 방향을 바꾸고 싶어 한다는 뜻이며, 우리가 관심을 두고 싶은 것과 그렇지 않은 것이 무엇인지 보여 준다. 스스로에게 또 물어보자. '나는 수련을 통해 무엇을 만들어 내고 싶은가? 그러기 위해 나는 어떤 노력을 할 의지가 있는가?' 변화와 성장은 오직 그러기로 선택할 때만 일어나며, 노력이 필요한 일이다.

마지막으로, '이 질문에 대한 답만 얻는다면 완전히 자유로워질 것 같다'고 생각되는 질문은 무엇인가? 그 질문을 던지고 답을 할 때마다 매번 그것이 당신을 다른 방향으로 데려간다는 사실을 발견하게 될 것이다. 질문에 대한 답이 꼭 한 개가 아닐 수도 있다. 하지만 모든 대답이 당신의 다음번 길을 밝혀 줄 것이다.

◦•

붓다는 "삶이라는 바퀴는 쉬지 않고 돌아가지만, 그 바퀴의 중심은 늘 고정되어 있다."라고 말했다. 바퀴를 볼 때 바 큇살만 본다면 겉으로 드러난 형식만 보는 것이다. 그러나 바큇살이 모여 있는 곳, 바퀴의 중심에 접근할 수 있다면, 시간을 초월한 본질적이고 영원한 무언가와 연결될 것이 다. 겉모습과 바큇살에만 초점을 맞추면 알맹이 없는 움직 임만을 계속 반복하는 것이다.

붓다는 삶을 바퀴라고 불렀다. 사람들이 습관적으로 하 던 일을 반복하기 때문이다. 한 동작을 기계적으로 반복한 다면 수련은 발전이 없고 지루해진다. 요가를 오랫동안 해 온 사람이라면 그런 상태에 빠진 적이 한 번쯤은 있을 것이 다. 오로지 완벽한 자세에만 집착하다 보면 수련은 신선함 과 창의력을 잃고 케케묵은 것이 되어 버린다. 붓다는 이렇 게 무의식적인 관계의 반복이 쳇바퀴처럼 계속 도는 것을 삼사라samsara라고 불렀다. 열반은 깨달음의 경지로서 삼사 라의 쳇바퀴에서 완전히 벗어나는 것이다.

로스앤젤레스에 살던 20대 초반 무렵, 이른 아침에 동네 요가 교실에 나간 적이 있다. 그곳에서는 요가 자세를 정해 진 순서에 따라 각자의 속도대로 수련했다. 매일 사람들을 지켜보다 보니, 개중에는 아무 생각 없이 몸만 움직이는 것 같은 사람들이 있었다. 뛰어난 기술로 멋진 자세를 해 보였지만 눈은 반짝이지 않았고, 자세에서는 에너지가 뿜어져 나오지 않았다. 자세를 기계적으로 무감각하게 반복하고 있을 뿐이었다. 그들을 관찰하면서 나 역시 무의식적으로 기계처럼 동작만 이어갈 수 있다는 사실을 깨달았다.

특정 자세를 마스터했다는 이유로 '다 왔다'고 생각하는 순간이 바로 로봇처럼 기계적인 움직임을 반복하는 쳇바퀴로 떨어지는 때다. 나는 계속 성장해 나가기 위해서는 형식을 추구하는 데 갇히지 말고 더 깊이 들어가 경험의 근원에 닿아야 한다는 사실을 배웠다.

한 동작에서 다음 동작으로 이어지는 흐름인 빈야사는 고정된 중심 위에서 돌아가는 바퀴이다. 그리고 고정된 중심은 당신이다. 바퀴의 바깥쪽은 계속 움직이면서 새로운 곳으로 당신을 데려간다. '도달한다'는 것이 지혜와 영감, 깊이, 발견의 바퀴가 멈춘다는 뜻이라면 도달하기 위해 애쓸 필요가 무엇이 있겠는가?

13

모든 것을 내려놓고 받아들이기

늘 정신없이 뛰어다니는 습관을 잠시 내려놓고 휴식을 취하며
자신의 중심으로 돌아올 수 있다면 모든 일이 더욱 잘 풀릴 것이다.
그리고 삶의 기쁨도 훨씬 커질 것이다.

- 틱 낫 한

사바아사나는 요가 수련을 마무리하는 동작이다.

자기 자신이라는 집으로 돌아올 수 있는

기회이기도 하다. 자기 안에 '집'이 없다면

과연 어디에서 집을 찾을 수 있겠는가?

"다음 동작은… 사바아사나입니다."

수업이 끝날 때쯤 강사의 입에서 흘러나오는 이 말은 얼마나 우리를 안심시키는지! 매트 위에서의 고된 수련이 끝나고, 그 모든 노력과 애씀을 흘려보내며 깊이 휴식할 수 있는 시간을 드디어 맞이하게 된 것이다. 그렇다. 사바아사나는 깊은 휴식을 약속한다. 그러나 사바아사나가 가져다주는 다른 여러 가지 혜택에 비교하면 그것은 아무것도 아니다. 사바아사나는 매우 독특한 자세다. 사바아사나의 약속은 단순하고 직설적이다. 우리가 그 자세를 있는 그대로 허용하면, 사바아사나도 우리를 있는 그대로 허용한다. 사바아사나의 핵심은 다음과 같은 세 개의 짧은 문장으로 요약할 수 있다.

여기가 바로 그곳이다.

지금이 바로 그 순간이다.

지금 이 모습이 나다.

다시 말해, 우리가 허용하기만 하면 사바아사나는 가장 순수한 형태의 존재 방식이 된다. 애쓰거나 생각하거나 노력하지 않고 그저 '존재함'으로써 성장하는 것, 사바아사나는 그것을 가능케 한다. 우리는 살면서 이처럼 달콤한 선물을 얼마나 자주 받을까?

수강생들에게 사바아사나를 하라고 하면, 즉 진짜로 아무것도 하지 않고 누워서 긴장을 풀고 '지금 상태' 그대로 있으라고 하면, 곧 그들에게 쉽지 않은 일을 주문했다는 걸 알게 된다. 어떤 사람들에게는 가만히 있는 행위가 불편하고, 심지어 위협적으로 느껴지기도 하는 모양이다. 좋아하는 노래를 따라 흥얼거리는 대신 가만히 자기 자신과 함께 있는 데에는 용기가 필요하다.

사바아사나는 요가 수련을 마무리하는 동작이다. 자기 자신이라는 집으로 돌아올 수 있는 기회이기도 하다. 자기 안에 '집'이 없다면 과연 어디에서 집을 찾을 수 있겠는가? 그 집은 우리 존재를 이루는 모든 것이 깨어나는 곳, 모든 감각과 감정이 생겨나도록 우리가 허용하고 받아들이는 곳이다. 내면의 힘을 기르려면 마음을 열어야 하며, 두려움과 감정을 거부하기보다는 그것들이 일어나도록 내버려 두고 흘려보내야 한다는 교훈을 배우는 곳이다. 있는 그대로의 자신으로 온전히 존재할 수 있는 장소다.

우리는 대개 더 착하고, 현명하고, 강하고, 위대한 사람이 '되려고' 수련을 한다. 노력과 행동으로 '되기'의 에너지를 가져오려 한다. 그러나 '되기'와 '존재하기'는 같지 않다. 사바아사나에서 우리는 노력도 애씀도 없이, 그저 존재하는 것의 가능성을 발견한다. 사바아사나는 아무것도 하지 않는 연습이다. 그것은 '존재하기' 위한 공간이다.

누구나 '가만히 존재하기'라는 마법 같은 순간을 경험해 본 적이 있을 것이다. 그 순간, 우리는 편안하면서도 몰입해 있다. 그런 경험이 많든 적든, 사바아사나에서는 언제든 그런 경험에 가닿을 수 있다. 원할 때면 언제나 의식적인 행위를 통해서 마법 같은 순간에 접속할 수 있는 것이다.

앞에서 소개했듯 뱁티스트 요가의 중심에는 세 가지 실천 철학이 있다. '예스라고 말하는 사람 되기', '○○해야 한다는 생각 버리기', '나는 지금 준비됐다는 자세로 임하기'가 그것이다. 이 세 가지 철학은 어떤 자세에서나 유용한 도구가 되지만, 사바아사나에서는 단순히 도구를 넘어 우리 자신의 일부로 체화된다.

사바아사나에 자신을 내어 주면서 열린 마음에 '예스'라고 말하자. 자기 자신이 되는 일에 '예스'라고 말하자. 자신을 더 큰 존재에게 맡기는 것, 새로운 무언가가 들어오도록 허용하는 것, 무엇에도 저항하지 않는 것에 '예스'라고 말하자. 생명력이 자연스럽게 몸을 드나들 수 있도록 숨 쉴 때마다 가슴이 부풀고 꺼지는 것에도 '예스'라고 말하자.

몸에 모든 것을 맡긴 채 애쓰고, 통제하고, 성취하고, 완성하려는 마음을 버리자. '○○해야 한다'는 생각을 버리자. '해야 할 일'의 목록도 버리자. 남아 있는 저항감이 있다면 그것도 전부 버리자. 다 비워질 때까지 모두 버리자. '나는 현실을 있는 그대로 받아들이고 그 안에서 편안함을 느낄 준비가 되어 있다'는 마음을 갖자. 지금 이 순간까지 매트 위에서 기울여 온 모든 노력이 몸과 마음, 존재에 충분히 스며들게 하자. 이제 여러분은 더 깊이 뿌리내리고, 더 높이, 더 멀리 뻗어 나갈 준비가 되었다.

•●

명상과 마찬가지로 사바아사나는 전환점을 가져오는 강력한 공간을 품고 있다. 나는 수많은 사람이 사바아사나를 통해 그러한 전환점을 맞는 장면을 목격하는 행운을 누렸는데, 그중 웬디라는 수강생의 이야기를 소개하고 싶다.

웬디가 말했다. "오늘 사바아사나를 할 때, 걱정이 저를 얼마나 나약하게 만드는지 알게 됐어요. 저는 항상 해야 할 일에 대해 걱정하고, 심지어 제가 하고 있지 않은 일에 대해서도 걱정을 해요. 할 일을 하면서도 제대로 못 할까 봐 걱정이 되고요. 오늘 매트 위에 누워 있으면서도 제가 사바아사나를 제대로 하고 있는 걸까 걱정했어요. 그러다가 문득 저에게 선택권이 있다는 사실을 깨달았어요. 무언가를 해야 한다는 생각이나 그 일을 제대로 해내야 한다는 생각 때문에 계속 걱정을 할 수도 있지만, 그런 걱정을 다 흘려보내고 저에게 '받아들임'이라는 선물을 줄 수도 있다는 것을요. 그렇게 생각하니까 순간 내면이 고요하고 평화로워졌어요. 그리고 자유롭게 느껴졌어요. 이런 느낌이 든 건 처음이에요. 아무것도 안 한 채 그냥 존재할 수 있었어요."

웬디는 잠시 숨을 고르고 말을 이어 갔다.

"이제는 왜 선생님이 사바아사나를 기회라고 하셨는지 알 것 같아요. 선생님이 말씀하신 것처럼 사바아사나는 있는 그대로의 상태를 완전히 받아들이는 기회라는 걸 알겠어요. 거기에는 고칠 것도, 옳게 만들어야 할 것도, 알아내야 할 것도 없습니다. 사바아사나는 수련의 끝이 아니라 새로운 시작이라는 생각이 듭니다."

웬디가 깨달았듯, 사바아사나를 통해 힘을 얻으려면 받아들임을 통한 생각의 전환이 필요하다. '아무것도 안 하는 것으로 뭐가 되겠어?'라는 생각에서 '이대로도 괜찮아.'를 받아들이는 방향으로 내적인 변화가 일어나야 한다. 가만히 누워 있는 동안 모든 것이 있는 모습 그대로 완전하다는 경험을 하게 된다. 자신이 어디에 있고 어디에 있지 않은지, 어떤 사람이고 어떤 사람이 아닌지를 받아들이게 된다.

사바아사나가 주는 받아들임의 공간에서는 선택할 수 있는 힘과 자유가 생겨난다. 이 힘과 자유를 통해 우리는 매트 위에서뿐 아니라 각자의 삶에서도 현실이 어떠한지, 혹은 어떠하지 않은지를 있는 그대로, 편견 없이 바라볼 수 있다. 그리고 그것에 대해 어떻게 대처할지, 혹은 대처하지 않을지도 선택할 수 있다.

내가 만난 다른 많은 요기들과 마찬가지로, 나 역시 사바아사나를 통해 커다란 변화를 경험했다. 찰나의 순간에, 갑자기, 내가 가진 패러다임이 완전히 바뀌었다. 내 몸이나 내가 처한 환경은 달라진 것이 없었지만 '나라는 사람'이 달라졌다. 그러자 나 자신과 내 삶을 바라보는 관찰자로서 나 자신과 나의 수련이 완전히 다르게 보이기 시작했다.

어느 날의 사바아사나에서 나는 죽음의 그림자가 깔린 계곡을 통과하는 경험을 했다. 그 일이 일어난 것은 내가 매사추세츠주 케임브리지에 있는 뱁티스트 요가 센터에서 수련을 마무리할 때쯤이었다. 전혀 특별할 것 없는, 지극히 평범한 수련이었다. 그런데 수련을 마치고 사바아사나 순서가 되어 매트에 등을 대고 눕자 그때까지 내가 해왔던 모든 일이 의미 없고 공허하게 느껴졌다. 내가 정말 중요하게 여겨 왔던 일들, 이를테면 유명한 강사로서 보기 좋은 몸을 유지해야 한다거나 수준 높은 요가 수련을 전파해야 한다는 책임감 등이 아무 의미 없게 느껴져 깜짝 놀랐다.

당시에 나는 결혼 생활이나 동업자와의 문제 외에도 출장으로 인해 아이들과 자주 떨어져 있어야 하는 것 때문에 여러 가지로 어려움을 겪고 있었다. 극심한 좌절감과 절망감에 시달렸다. 세상에 내 편이 아무도 없는 것 같고, 이 복잡한 문제를 해결하기에는 내가 강하지도, 똑똑하지도, 현명하지도 않은 것 같았다. 삶이 나를 옭아매는 것 같았고, 상황이 너무나 암울해서 해결 방법이라고는 없을 것 같았으며, 더 이상 할 수 있는 것도, 기댈 곳도 없다는 생각만 들었다. 어떠한 도움도, 출구도 보이지 않았다. 내가 이 경험을 '죽음의 그림자가 드리워진 계곡을 통과하는 것'에 비유한 이유가 이해될 것이다.

그런데 바로 그 사바아사나 자세에서 나는 모든 애씀을

내려놓았다. 모든 근육과 뼈를 바닥으로 툭 떨구어 내 존재의 근원으로 가라앉혔다. 진심으로 모든 것을 내려놓자, 무언가가 나를 놓아준 듯한 기분이 들었다. 무언가가 빠져나가고 나니 나와 내 심장 박동 사이에는 '무無'만이 존재했다. 무언가가 걷히고 나자 마치 내가 머릿속의 전쟁터 위로 솟아오른 듯한 느낌이었다. 몸과 마음을 짓누르던 엄청난 무게감이 모두 사라졌다.

그 순간, 내가 해결하려고 몸부림치고 있는 일들이나 내가 이루어 온 모든 것이 지니는 중요성은 '진짜'가 아니라는 깨달음이 불현듯 나를 스쳤다. 그런 것들의 의미는 전부 내가 부여한 것일 뿐, '원래의' 의미 따위는 애초에 없었다. 곧 몸 안에서 생생한 살아 있음과 완전한 깨어 있음이 느껴졌다. 가슴에서 깊은 슬픔과 기쁨, 괴로움과 평화가 동시에 느껴졌다. 한편으로는 내가 특별하고 중요한 사람이라도 되는 양 착각하고, 다른 사람들과 쓸데없이 경쟁하며 사느라 지금까지 인생을 낭비했다는 생각에 슬퍼지기도 했다.

그리고 즉시 새로운 깨달음이 찾아왔다. '오, 나는 이제 자유다!' 그러자 인생이 아직 쓰지 않은 책, 내가 원하는 대로 얼마든지 다시 써 나갈 수 있는 책처럼 느껴졌다. 그날부터 내 삶은 단순히 나와 나 자신의 관심사만을 위한 것이 아닌 그 이상의 목표를 향해 갔다. 그날의 경험은 내 인생의 목표가 새로 생긴, 눈이 번쩍 뜨이는 경험이었다. 수련자로서 성장하고자 노력하는 당신도 분명 나와 비슷한 대전환의 경험을 하게 될 것이다. 사바아사나를 통해 내가 배운 것은, 또한 내가 가르치고 싶은 것은 인생에서 질풍노도의 어려움에 부닥치지 않고서도 삶의 더 큰 의미와 목표를 찾을 수 있다는 것이다.

사바아사나는 새로운 것이 생겨날 수 있도록 허용하는 기회다. 자신을 위해 더 위대한 무언가에 다가가는 것은 자신보다 위대한 무언가가 존재한다는 사실을 인식하고 의식하는 데서 시작된다. 사바아사나에서 우리는 더 넓은 세계로 다가갈 수 있고, 더 고귀한 목적과 자신이 진정으로 원하는 것을 상상해 볼 수 있다. 혹은 내면에 물어볼 수 있다.

사바아사나는 양파 껍질을 벗기듯 한 겹, 한 겹 놓아 주면서 조금씩 열리고 깊어지는 과정이다. 모든 것을 완전히 내려놓으면서 사바아사나 상태로 들어가면 자기 자신의 내면을 들여다볼 수 있다. 또한 그 안에서 자신에 대해 놀라운 무언가를 발견하게 된다. 나의 생각이나 감정, 성취 등 그동안 내가 '나'라고 여겨 왔던 것들을 뛰어넘어 나의 본질, '참나'를 알게 되는 것이다.

자신에 대해 지녀 온 모든 생각이나 관념이 알아차림의 빛 속으로 녹아드는 순간, 우리는 진정한 자기 자신이 된다. '아무것도 없음'이라는 궁극의 상태에 도달하는 것이다. 그리고 그 비옥한 땅에서 우리는 순수한 가능성의 씨앗이 된다. 그 근원적인 지점에서부터 우리는 거짓 없고 의미 있는 삶을 빚어 나갈 수 있다. 다시 말해, 멈춤 상태에서 '다시 시작' 버튼을 누르고 가면이나 애씀, 의심, 고통 없이 의식적으로 그다음 행동을 선택할 수 있다는 얘기다.

'내가 진정으로 원하는 것은 무엇일까? 나는 어떤 삶을 살고 싶은가?' 하고 스스로에게 물어봐도 좋을 것이다. 그러면 수동적으로 궁금해하는 단계를 넘어 적극적인 관심을 기울이고 삶과 수련을 꾸려 갈 수 있다.

사바아사나 상태에서는 미래에 경험하고 싶은 것을 지금, 이 자리에서 경험할 수 있다. 가슴속의 드리시티가 열리고 눈을 뜨면서 내면의 그림이 더욱 선명해진다. 가슴의 이야기를 듣고 볼수록 방향이 더욱 분명해지고 집중력도 높아진다. 머리는 무언가를 원할 때 절대 직접적으로 말하지 않는다. 장점과 단점, 경로와 장애물을 저울질하며 회오리바람처럼 소용돌이치거나 갈지자를 그리며 왔다 갔다 한다. 그러나 가슴의 속삭임은 언제나 진실하며 오직 한 가지에만 초점이 맞춰져 있다. 자신이 무엇을 원하는지 가슴은 안다.

삶과 수련에서 우리가 직면하는 문제나 어려움은 가슴의 지혜로 돌아가 자신의 진짜 모습을 볼 수 있을 때만 해결할 수 있다. 다른 사람들이 우리에게 심어 준 그림이나 역사적, 사회적으로 우리에게 기대되는 역할 때문에 우리가 차용한 모습을 따르는 대신, 우리 자신이 삶과 수련의 주인으로 살아갈 수 있다는 사실을 모두가 깨달아야 한다.

사바아사나는 우리에게 가슴의 지혜에 귀 기울이는 경험을 선사한다. 이 특별한 경험은 순수하고, 자유롭고, 근심 없는 우리 자신을 만날 수 있는 기회다. 온전히 자기 자신으로 살아가는 것에 대해 느끼는 깊은 만족감은 수련이 제대로 이루어지고 있다는 신호다.

•

열심히 하겠다는 생각을 실천에 옮긴 것이니 오늘, 자신을 매트 위로 데려온 스스로를 인정해 주자. 수련에서 자신이 보인 모습이나 이룬 성취와 관련해 여러분은 어떤 점을 인정하고 있는가? 인정은 자신의 노력을 알아봐 주는 것이다. 감사와 행복으로 가득한 가슴은 이렇게 만들어진다.

마찬가지로 수련에서 자신이 멈췄던 지점, 오늘 해내고 싶었지만 하지 못한 부분도 인정하자. 그리고 다음에 다시 만회할 기회가 있음을 기억하자. '인정하기'는 진실을 받아들이는 것인 동시에 모든 것이 있는 그대로 완전하도록 허용하는 것이다. 정직해짐으로써 자신을 존중하자. 이것이 사트야satya 수련이다.

당신은 어느 지점에 멈춰 있는가? 언제 두려움을 선택했는가? 불편한 상태를 회피하거나 위기로 움츠러든 지점은 어디인가? 지금 수련에서 걱정하고 있는 부분에 대해 어떤 노력을 기울였는가? 이러한 질문은 무력감의 해독제다. 자신이 하는 경험에 일정 부분 스스로 기여하고 있다는 사실을 인정함으로써 책임감을 갖게 된다. 질문의 답을 '그렇구나' 하고 받아들이자.

어떠한 판단도 하지 않고 받아들이는 데에 진정한 힘이 숨어 있다. 당신은 실패한 것이 아니다. 책망하지도, 나무라지도 말고, 그저 알아차리기만 하자. 자신이 어느 지점에서 멈췄는지 인식했다면 당신이 이긴 것이다. 멈춘 지점을 알아차리는 것은 성장의 밑바탕이 되기 때문이다.

모든 '사실'은 우리가 부여하는 의미만큼의 무게를 지닌다. 발전이 지연되고 있는 부분을 실패로 본다면 그것은 실패일 것이다. 하지만 그것을 아직 남아 있는 기회로 본다면 다음에 다른 방식으로 재도전할 수 있다. 자신에게 실망하는 데 시간을 낭비하지 말자. 그것은 스스로를 막다른 골목으로 내모는 어리석은 행위다. "용서한다고 과거를 바꿀 수는 없지만 미래는 확실히 바꿀 수 있다." 미국의 유명한 라디오 진행자 버나드 멜처가 남긴 말이다.

요가 매트에서 내려와 삶이라는 매트에 올라갈 때, '오늘의 수련으로 나는 인생 전체를 새로운 눈으로 보게 되었다'는 사실을 기억하자. 이제 나에게는 삶에서 마주치는 모든 것을 하나의 아사나로 보는 힘이 생겼다. 나는 진북정렬 상태에서 모든 것을 단순하게 보고, 가슴으로부터 우러나오는, 목적이 분명하고, 솔직하며, 혼란 없는 삶을 살아갈 능력과 안정감, 유연성, 열린 마음을 갖추었다.

이룬 것과 이루지 못한 것이 공존하는 공간에서, 자신과 자신의 수련을 위해 여러분은 지금 어떤 미래를 만들어 가고 있는가? 이곳에서부터 어디로 갈 것인가? 원하는 것을 모두 성취했다면, 기억하자. 오늘의 성공이 내일의 걸림돌이 될 수 있다는 것을.

성공은 즐기자. 지금 이 순간은 감사로 마음을 가득 채우자. 그다음에는 흘려보내자. 새로운 통찰과 발견, 전환점이 들어올 수 있도록 공간을 비워 두자. 막혀 있는 곳에 대해서도 마찬가지다. 막혀 있음을 인지하고, 흘려보내고, 지금 여기서 자신이 무엇을 할 수 있는지 살펴보자.

언제나 우리 자신에게 던져야 할 질문은 단순하다. '지금 무엇이 가능한가?'

옮긴이 | 이강혜

인생을 실험 중인 독립 연구가 겸 개인 활동가. 몸과 마음, 사
람과 사람, 사람과 사회 사이의 빈틈을 메우는 활동에 관심
이 많다. 《언어폭력》, 《별자리 심리학》(공역), 《파워 오브 러
브》(공역), 《내 인생이잖아》(공역)를 우리말로 옮겼다.

요가 수련의 참의미를 찾아가는 여행
나는 왜 요가를 하는가?

초판 1쇄 발행 2018년 6월 20일
초판 5쇄 발행 2024년 8월 15일

지은이   배런 뱁티스트
옮긴이   이강혜
펴낸이   진영희
펴낸곳   (주)터치아트
출판등록 2005년 8월 4일 제396-2006-00063호
주소   10403 경기도 고양시 일산동구 백마로 223, 630호
전화번호 031-905-9435 팩스 031-907-9438
전자우편 touchart@naver.com

ISBN 979-11-87936-16-9 02190